Moderne Wirtschaftsgestaltungen

herausgegeben von

Kurt Wiedenfeld

Heft 15:

Kapitalismus und Beamtentum (Produzententum und Konsumententum in der Weltmarkt-Wirtschaft)

von

Kurt Wiedenfeld

Berlin und Leipzig 1932

Walter de Gruyter & Co.

vormals G. J. Göschen'sche Verlagshandlung — J. Guttentag, Verlagsbuchhandlung
Georg Reimer — Karl J. Trübner — Veit & Comp.

Kapitalismus und Beamtentum

(Produzententum und Konsumententum in der Weltmarkt-Wirtschaft)

Von

Kurt Wiedenfeld

Berlin und Leipzig 1932

Walter de Gruyter & Co.

vormals G. J. Göschen'sche Verlagshandlung — J. Guttentag, Verlagsbuchhandlung
Georg Reimer — Karl J. Trübner — Veit & Comp.

Archiv-Nr. 24 10 32

Druck von Walter de Gruyter & Co., Berlin W 10

Inhaltsverzeichnis.

Vorbemerkung.

An der deutschen Beamtenschaft, ähnlich wie am alten Offizierkorps, und nicht zuletzt an unserem ganzen Gemeinwesen rächt sich jetzt hart und bitter, daß jene von jeher — obwohl der stärkste Träger des Staatsgedankens — sich der übrigen Bevölkerung gegenüber ausgeprägt als eine Sondergruppe, als Staat gleichsam im Staate, gefühlt und gegeben hat, und daß sie demgemäß die Erziehung zum Staatsgefühl, durch die im 17. und 18. Jahrhundert der Landschaftsmensch zum Staatsdiener geworden ist, nicht an das Ganze der Bevölkerung weitergeleitet, sondern die Führung der laufenden Gemeingeschäfte oder doch wenigstens die Kontrolle der Selbstverwaltung — entgegen den Absichten eines Stein und entgegen dem großen staatsmännischen, so gar nicht bürokratischen Wort: Selbstverwaltung ist besser als gute Verwaltung — mit allen Mitteln für sich reserviert und auch immer wieder ausgeweitet hat. Denn mit dem Mangel an staatlichem Sinn, der heute so kraß in allen Wirtschaftskreisen (bei den Unternehmern nicht minder als bei den Angestellten und Arbeitern) zum Nachteil des Ganzen hervortritt, hängt ursächlich die Verständnislosigkeit zusammen, mit der man allenthalben den Beamtenfragen gegenübersteht, und nicht zuletzt das Verkennen der Bedeutung, die für den Beamten sein Gehalt und für den Staat die Regelung der Beamtengehälter besitzt. Das naive Wort vom „Bürger, der den Beamten ernährt", läßt sich wieder hören; als ob nicht alle wirtschaftliche Tätigkeit letztlich auf dem Schutz des Eigentums und der Verträge, namentlich aber des Lebens beruhte, den der Staat mit seiner Beamtenschaft gewährleistet. Man überträgt die Anschauungen und Maßstäbe, die im Wirtschaftsleben zu recht bestehen, ohne Besinnen auf die völlig anders gestalteten Verhältnisse des Beamtenwirkens und vergleicht, weil das Produktive dieses Wirkens sich nicht in wirtschaftlichen Handlungen offenbart, allein die Konsumentenstellung der Personen miteinander: das Gesicherte der Lebensführung auf der einen, das Unsichere auf der anderen Seite; als ob jene Sicherung dem Beamten seiner persönlichen Behaglichkeit wegen und nicht zur Sicherung eben seiner produktiven Tätigkeit und ihres staatlich bestimmten Inhalts gewährt würde.

Auf der anderen Seite macht sich aber auch der Mangel an Wirtschaftsfühlung bei weiten Teilen der Beamtenschaft noch immer in der Verständnislosigkeit geltend, mit der man gerade den Grunderscheinungen des neuzeitlichen Wirtschaftsgeschehens gegenübersteht. Weil man selbst — aus zwingenden Gründen des Allgemein-Interesses — nicht irgendwie unter den Einfluß des „Marktes" gestellt ist und deshalb zwischen Tätigkeit und Entgelt ein Angemessenheits-Verhältnis festhalten kann, legt man eben diesen Maßstab der Angemessenheit auch an die Einkommen der Wirtschaftsmenschen; als ob es auf dem Weltmarkt neben dem (angemessenen?) Verlust einen angemessenen Gewinn überhaupt geben könnte, und als ob der Lohn nicht einen wesentlichen Bestandteil der Produktionskosten ausmachte, von deren Gesamthöhe die Absatzfähigkeit der Waren und d. h. ihre Marktfähigkeit abhängt. Weil die ganze Beamtenstellung ausschlaggebend von der Tradition bestimmt wird, sieht man nicht, daß für die neuzeitliche Weltmarkt-Wirtschaft eines ihrer wesentlichen Merkmale gerade in der Lösung der traditionellen Beziehungen liegt, und läßt es deshalb an rechter Würdigung der eigentümlichen Unternehmeraufgabe fehlen; als ob diese sich in der inneren Leitung eines Werkes erschöpfe und nicht entgegengesetzt, in der Regelung der Marktbeziehungen zu allererst liege. So tritt auch der Beamte in aller Regel an die Wirtschaftsfragen einseitig, vom Konsumentenstandpunkt heran und läßt ebenfalls — was er dem Wirtschaftsmenschen zum Vorwurf macht — die Zusammenhänge zwischen der produktiven Tätigkeit und der Konsumentenstellung außer Beachtung.

Allerdings steht die Beamtenschaft mit dieser Betonung des Konsumenten-Interesses keineswegs allein. Die ungeheuere Erschwerung, die im ganzen Bereich des deutschen Wirtschaftslebens als Kriegsfolge eingetreten ist, hat es mit sich gebracht, daß auch in den Wirtschaftskreisen selbst die Fragen der Lebensführung und der Lebenssicherung zu besonderem Schwergewicht gelangt sind. Der Kampf um die Verteilung der sozialwirtschaftlichen Gesamterträge hat an Schärfe unerhört zugenommen und alle Teile unseres Volkes ergriffen. Trotzdem ist es noch immer eine Besonderheit der Beamtenschaft, daß sie im wirtschaftlichen Ablauf unmittelbar eine reine Konsumentenstellung einnimmt. Der sachliche Gegensatz zu den Produktionsinteressen läßt sich daher an ihr rein sachlich behandeln.

I.

Kapitalismus und Beamtentum in ihrem Wesensgegensatz.

1. Wenn vom subjektivem Ziele her das **Wesen des Kapitalismus** in jenem eigentümlichen Gewinnstreben zu erblicken ist, das sich aus Preis- und Kostendifferenzen und damit aus rein wirtschaftlichen Zusammenhängen nährt und in der Verlustgefahr seine unvermeidliche Kehrseite findet, so liegt ihm als objektiver Tatbestand die allgemeine Umwandlung der nachbarschaftlichen, lokal-begrenzten Wirtschaftsbeziehungen zur erdumspannenden Weltmarkt-Wirtschaft entscheidend zugrunde. Hier ist das Leben ganz und gar auf Güteraustausch gestellt, und der „Markt" entscheidet ebenso über Art und Ausmaß der Bedarfsdeckung, wie über Gewinn und Verlust der Produktion und des Handels. Die produzierende Tätigkeit wird vom Konsumenten-Interesse der einzelnen Produzenten sogar in dem Sinne losgelöst, daß ihr Geldergebnis schlechthin von den Marktpreisen und nicht vom Lebensbedarf der Arbeitnehmer und Arbeitgeber bestimmt wird; die Preisbildung findet derart statt, daß die Produktionskosten nach den erzielbaren Preisen auszurichten sind und nicht mehr umgekehrt die Unterlage der Preise abgeben. Dann kann es aber auch den Begriff einer Preisangemessenheit weder für die Güter noch für die Leistungen geben. Weltmarktwirtschaft, Gewinn- und Verlustwirtschaft sind nichts anderes wie die vom Inhalt und vom Ergebnis her genauer formulierten Bezeichnungen eben der Wirtschaftsform, die man allgemein als Kapitalismus den Systemen der unmittelbaren Bedarfsdeckung gegenüberzustellen pflegt.

a) Mit dem Ausdruck W e l t m a r k t - W i r t s c h a f t ist mehr gesagt, als daß in irgend welchen, mehr oder minder wichtigen und deshalb entbehrlichen Gütern ein Welthandel den Austausch zwischen Gebieten verschiedener Produktionsrichtungen bewerkstellige. Solcher Handel findet sich bekanntlich als eine Begleiterscheinung, als etwas Nebensächliches schon bei ganz primitiven, in allem Wesentlichen naturalwirtschaftlich dahinlebenden Völkerschaften; er stützt sich auf den Luxusbedarf einer dünnen Oberschicht, etwa der Häuptlinge und Priester, die gerade durch den Besitz von Gütern, welche „von weit her" sind, sich von der Masse ihres Stammes abheben wollen, und er empfängt als Entgelt, was diese Käufer dank ihrer Macht und nicht etwa dank wirtschaftlicher Geschicklichkeit sich über den eigenen Lebensbedarf hinaus haben aneignen können. In all jenen Gebieten der Erde jedoch, die in ihrer ganzen Lebensgestaltung von den mechanischen Massentransportmitteln und überhaupt von der neuzeitlichen Maschinentechnik bestimmt werden, — dort hat sich die Gesamtbevölkerung darauf eingestellt, ihren Bedarf an den tagtäglichen Notwendigkeiten des Ver- und Gebrauchs in Produktion und Konsumtion, nicht mehr nur ihren Bedarf an Luxuswaren, von beliebig anderer Gegend der Erde her zu decken und ebenso ihre Arbeitsleistungen auf den Absatz nach beliebig anderen Gegenden hin einzurichten. Hier bedeutet eine Störung der Fremdbeziehungen sofort einen Eingriff in die Daseinsgewohnheiten, der bei allen Bevölkerungsschichten an die Grundlagen faßt: die ganze Ernährung und Bekleidung und das Wohnen wird auf der Konsumtionsseite, die Beschäftigung an den ausländischen Rohstoffen oder Maschinen wird auf der Produktionsseite so gut wie völlig in Frage gestellt. Was von weit her ist, verleiht niemandem mehr einen besonderen Glanz. Und die Kraft, fremde Waren zu kaufen, baut sich nicht auf den besonderen Machtverhältnissen auf, sondern folgt aus der eigens für den Verkauf eingerichteten Produktionstätigkeit, an der alle Schichten irgendwie beteiligt sind.

Für die Bedarfsdeckung ergibt sich hieraus mengenmäßig, da die Wirkungen lokaler Naturereignisse über die Erde hinweg gegeneinander ausgeglichen werden, eine wesentliche größere und fast vollkommene Gleichmäßigkeit und außerdem objektmäßig eine gesteigerte Mannigfaltigkeit; sogar die zeitlichen Preisspannungen erreichen kaum je und irgendwo jene gewaltigen Größen, die in der Vergangenheit aus Ernteschwankungen oder gar Naturkatastrophen immer wieder entsprungen sind. Für die Produktionsseite der Wirtschaft jedoch hat sich die Unterlage des Arbeitens verhängnisvoll verschoben: man steht nicht mehr (wie auf dem Lokalmarkt der einzelnen Landschaft) einem bekannten, gleichmäßig sich bewegenden Bedarf gegenüber und auch nicht neben Berufsgenossen bekannter und gleicher Produktionsbedingungen; man muß vielmehr den ganzen Produktions- und Umlaufapparat auf einen im voraus nicht abzuschätzenden, also unbekannten Absatz einrichten und auch bei dessen Umwerbung sich mit mannigfachen, im voraus ebenfalls nicht zu übersehenden Konkurrenten messen. Der Produzent kann also weder in dem Zeitpunkt, da er die technischen Anlagen herrichtet, sich ein halbwegs sicheres Urteil über die Möglichkeiten ihrer Ausnutzung und damit über die Gestehungskosten der zu verkaufenden Waren bilden; noch kann er wissen, ob ihm nicht von ganz anderer Gegend her auf den verschiedenen Märkten ein Wettbewerb entgegentritt, der unter völlig abweichenden Produktions- und Transportbedingungen arbeitet und damit jeder Preisschätzung den letzten Rest von Zuverlässigkeit raubt. Erst der ganz durchgeführte Verkauf zeigt, ob die Produktion der verkauften Güter mit Gewinn oder aber Verlust abschließt, ob also der Unternehmer richtig oder falsch gehandelt hat. Mit anderen Worten: nicht ein intellektuelles Erkennen der zum Gewinn führenden Wege, sondern ein ahnungsvolles Erfühlen der Erfolgs- und Mißerfolgs-Aussichten stellt die Verbindung zwischen Gütererzeugung und Bedarfsdeckung her. Die volkswirtschaftliche Leistung des Unternehmers liegt in dem Wagemut, mit dem er — vom Gewinnstreben beseelt — die notwendig damit verbundene Verlustgefahr auf sich nimmt und immer wieder durch seine Behandlung des Marktes zu einer Gewinnmöglichkeit umzugestalten sucht.

b) Die Doppelwirkung aber, ob Gewinn oder Verlust, beruht darauf, daß auf dem Weltmarkt die Preisbildung einen völlig anderen Zusammenhang mit den Produktionskosten hat, wie in der lokal begrenzten Nachbarschaftswirtschaft. Nicht einmal diejenigen Produktionskosten (richtiger: Reproduktionskosten), die bei günstigsten Produktionsbedingungen erstehen, bilden für die Weltmarktpreise als Ganzes eine sichere Unterlage, seitdem die maschinelle Technik die stehenden Anlagen zu betonter Bedeutung gebracht hat; ist es doch in aller Regel vorteilhafter, auf den Ersatz der Kapitalkosten zu verzichten, als den ganzen Betrieb stille zu stellen, und bietet doch der Konkurs oder die private Kapitalreorganisation bei betontem stehenden Kapital immer die letzte Möglichkeit, ohne Einstellung des Betriebes privatwirtschaftlich die Kapitalkosten aus der Berechnung der Produktionskosten herauszuwerfen — sie werden dann volkswirtschaftlich auf die leer ausgehenden Kapitalisten abgewälzt und stellen hiermit denjenigen Vorgang dar, der am stärksten zur Anpassung der Produktionskosten an die Marktpreise dient. Nur die Kosten des laufenden Betriebes, soweit sie zur Weiterführung der gewohnten Produktionsgröße erforderlich sind, — die Wiederbeschaffungskosten also — müssen aus den Preisen gedeckt werden; denn wenn man nicht mehr die gleichen Mengen von Roh- und Betriebsstoffen wiederum einzukaufen und die gleiche Menge von Arbeitskräften weiter zu entlohnen vermag, wenn der technische Apparat nicht mehr auf der alten Leistungshöhe zu halten ist, dann bleibt nichts anderes übrig, wie den Betrieb einzuschränken oder gar einzustellen, und dann ändert sich auf dem Markt das Verhältnis von Angebot und Nachfrage zugunsten des Angebots — mit der Wirkung, daß die etwa unter jenen Stand gesunkenen Preise sich wiederum heben und die Wiederaufnahme jener Betriebe ermöglichen, die noch zur Deckung der Nachfrage herangezogen werden müssen. Gehen die Marktpreise aber noch weiter hinauf, weil etwa neue Nachfrage nach Deckung ruft, und bringen sie auch das stehende Kapital zur Verzinsung, so entsteht alsbald die neue Gefahr, daß neue Werke errichtet werden und dann das Spiel in Angebot und Nachfrage und damit in den Preisen sich wiederhole. Der Weltmarkt kennt bei freiem Spiel der Kräfte keinen Gleichgewichtszustand, der von mehr als nur kurz vorübergehender Dauer wäre, und daher keine sichere Gewinnaussicht, sondern nur den Wechsel von Gewinn und Verlust.

Sind aber Gewinn und Verlust, als die Vorder- und die Kehrseite einer und derselben Erscheinung, aus der Unberechenbarkeit des Weltmarkts erwachsen, so kann es bei dem Gewinn so wenig eine Angemessenheit geben, wie man je von angemessenem Verlust sprechen hört. Gewiß mag man beides als das Entgelt für die eigentliche, d. h. dem Weltmarkt zugewandte Unternehmertätigkeit bezeichnen; denn der Unternehmer ist es, der mit seinen wirtschaftlichen Handlungen (durch das Einkaufen und das Verkaufen der Waren, das Einstellen der Angestellten und Arbeiter, das Verwenden des Kapitals) das einzelne Werk in die Beziehung zum Weltmarkt bringt, und ihn trifft zuerst, wenngleich die neuzeitlichen Kredit- und Gesellschaftsformen für Abwälzungen auf danebenstehende Kapitalisten Raum geschaffen haben, das Risiko des Verlustes wie die Aussicht des Gewinns. Aber schon die Möglichkeit des Verlustes zeigt deutlich, daß es sich hier nicht um ein Entgelt handelt, welches sich irgendwie in ein meßbares Verhältnis zu dem Kraft- und Materialaufwand des handelnden Unternehmers, zu seiner „Marktleistung“ bringen läßt; und so hat auch der Gewinn, wenn die Marktbeziehungen ihn ergeben, kein solches Verhältnis. Woher sollte denn der Maßstab genommen werden? Den Lebenskosten, wie sie bei der Beurteilung von Löhnen allenfalls die Angemessenheit bestimmen mögen, ließen sich die Gewinne allenfalls dann vergleichen, wenn es nur sie im Unternehmerleben gäbe; aber die Verlustmöglichkeiten müssen ihnen gegenübergestellt werden, und wer will dann das Ergebnis voraussagen? Es besteht nun einmal kein ursächlicher Zusammenhang zwischen Gewinn und Verlust, der eine ist nicht die Folge des anderen; sie erwachsen vielmehr beide aus dem Weltmarkt und daraus, ob der gestaltende Unternehmer die Bewegungen dieses Marktes richtig oder falsch vorausgeahnt hat, genauer: in welchem Maße seine Handlungsweise sich nachträglich als richtig oder falsch erweist. Das Verhältnis dreht sich also geradezu um. Aus dem Handeln erwächst kein Maßstab für die Angemessenheit oder Nichtangemessenheit des Gewinns oder des Verlustes. Wohl aber wird am Gewinn und am Verlust das Richtige oder

Falsche des Handelns gemessen; jene sind zum Erfolgsmaßstab für die Unternehmertätigkeit geworden.

Wie aber bei freiem Marktspiel Angebot und Nachfrage durch Absatzgröße und Preis dem gestaltenden, das Kapital verantwortlich verwaltenden Unternehmer das Ergebnis bestimmen, so sind sie auch die Kräfte, nach denen der Zins als Preis des Leihkapitals und sogar die Löhne als Preise der Arbeitsleistungen sich bewegen. Demgemäß gelten auch für diese Marktobjekte im Grunde jene Preisbildungsgesetze, die bei den Waren sich geltend machen. Allerdings mit der Einschränkung, daß der Mensch als Gestalter der Kapitalanlagen und erst recht als Träger der Arbeitskraft räumlich nicht annähernd so beweglich wie die Ware ist, und daß deshalb der Wettbewerb auf den Kapital- und Arbeitsmärkten noch immer stark an die lokalen und nationalen Besonderheiten gebunden, international also gehemmt ist. Insoweit jedoch stehen auch diese Märkte in Übereinstimmung mit den Grundlagen des Weltmarkts, als weder für den Kapitalzins die Kosten der Kapitalbildung, noch für die Arbeitslöhne die Kosten der Erziehung und Ausbildung eine notwendig wirksame Untergrenze abgeben. Deshalb rückt auch hier die Frage der Angemessenheit in eigenartige Beleuchtung: beim Kapitalzins liegt der Maßstab des Angemessenen im Kapitalmarkt selbst — als unangemessen gilt, was von der üblichen Zinshöhe des gegebenen Augenblicks ohne sachlichen Grund abweicht; und beim Lohn ist die Beziehung zu den Lebenskosten, die in der Nachbarschaftswirtschaft eine feste Unterlage der Beurteilung abgab, dieser Bedeutung umsomehr entkleidet, je mehr die Lebenshaltung selbst aus den traditionellen Bindungen herausgehoben und von der Höhe des Lohneinkommens abhängig, also differenziert geworden ist. Für die marktmäßige Bildung der Arbeitspreise ist kennzeichnend, daß die Unterschiede zwischen Angestellten und Handarbeitern sich stark verwischt haben, und daß sogar regelmäßig ganze Gruppen von Angestellten, selbst wenn sie sich auf spezielle Ausbildung stützen, in der Entlohnung unter den Sätzen solcher Handleistungen bleiben, für die sich aus irgend einem Grunde nur verhältnismäßig wenig Anwärter zu melden pflegen.

Auch die Unternehmer (Unternehmungsleiter) beziehen

neben ihren Gewinnanteilen stets einen Lohn, dessen Höhe sich nach den Angebots- und Nachfrage-Verhältnissen auf den Unternehmermärkten richtet — nicht zuletzt danach, ob der Einzelne dank besonderen Eigenschaften eine Monopolstellung als Anbieter der Arbeitskraft hat oder „Dutzendware" ist, und gar nicht danach, was seine Ausbildung gekostet oder er etwa in früheren Stellungen als „Lehrgeld" in Form von Verlusten gezahlt hat. Sogar der Anteil, den der Unternehmer von dem durch ihn erwirtschafteten Gewinn behalten darf und nicht an die Kapitalisten abzuführen braucht, bestimmt sich nach der Marktmacht, mit der sich Unternehmer und Kapitalisten gegenüberstehen, hat mit dem Umfang der Arbeitsleistung nichts zu tun.

Welche Objekte des Marktes man also auch betrachtet, — von entscheidender Bedeutung der Gestehungskosten und von Angemessenheit der Preise ist in der kapitalistischen Wirtschaft nichts übrig geblieben. Weltmarktpreise und angemessene Preise sind zwei unvereinbare Begriffe.

2. An dieser Stelle tritt der Unterschied zutage, durch den sich das **Wesen öffentlichen Beamtentums** vom Kapitalismus scheidet. Wie die Aufgaben des öffentlichen Beamten und die des Wirtschaftsmenschen andere sind, so auch die Maßstäbe, an denen sich ihre Tätigkeit messen läßt.

a) Das Ziel der öffentlichen Verwaltung, mag sie in staatlicher oder kommunaler Hand liegen, läßt sich mit dem Schlagwort umreißen: Sicherung und Mehrung der Kraft des Gemeinwesens. Anzusteuern ist es auf zwei Wegen. Es gilt einmal, einen möglichst großen und ständig zunehmenden Teil der Bevölkerung mit Gemeinsinn und Staatsgefühl zu erfüllen, damit die Angelegenheiten der Gemeinschaft von jedem Einzelnen als eigene Sache empfunden werden und namentlich in kritischen Zeiten jeder Einzelne sich für das Ganze verantwortlich fühle. Und es gilt zum anderen, nach innen und außen die Ordnung und Ruhe zu erhalten, deren das tägliche Leben der Gesamtbevölkerung bedarf, auf der nicht zuletzt das wirtschaftliche Handeln der Einzelnen sich aufbaut. Jener erste und wichtigste Weg liegt hauptsächlich auf staatsrechtlichem Gebiet und führt in die internationalen Machtfragen hinein; er wird oft genug grade von solchen Staatsverwaltungen, die im allgemeinen als schlecht gelten, mit besonderem Erfolge beschritten — man denke etwa an die große Leistung der englischen Regierung, im Weltkriege die allgemeine Wehrpflicht nicht nur eingeführt, sondern populär gemacht zu haben. Die andere Aufgabe hat es mit den alltäglichen Sorgen zu tun und wird daher vom Durchschnittsbürger genau so wie vom „Bürokraten" überall in der Welt höher gewertet als jene; sie gibt üblicherweise den Maßstab für gut oder schlecht. Und sicherlich ist sie der Arbeitsbereich, in dem die Eigenart beamtenmäßigen Tuns am deutlichsten hervortritt.

Den Rahmen aber mögen die verschiedenen Staaten und Kommunen nach Tradition und Augenblicksauffassung weiter oder enger spannen, sie mögen den Staatsgedanken betonen oder sich mit der Nachtwächterrolle begnügen oder wenigstens die Wohlfahrtsaufgaben hinzunehmen — immer ist es von Wesensbedeutung, daß jenes Ziel sich nur in gemeinsamer Arbeit aller öffentlichen Organe erreichen läßt, und daß lange Zeiträume verstreichen müssen, ehe sich ein Urteil über Erfolg oder Mißerfolg der Gesamtarbeit bilden läßt. Keine Sonderhandlung und keine Handlungsfolge eines einzelnen Beamten oder einer Behörde oder sogar eines ganzen Verwaltungszweiges steht in der Erfolgsbetrachtung für sich allein. Die Jahrzehnte und die Generationen greifen ebenso ineinander, wie in jedem Augenblick die Fülle der nebeneinander stehenden Organe.

Hieraus folgt mit zwingender Notwendigkeit, daß alles beamtenmäßige Handeln einen besonderen, von der wirtschaftlichen Arbeitsweise abweichenden Charakter trägt. Gewiß ist auch für die großen, den Gesamtverlauf der öffentlichen Tätigkeit bestimmenden Entschlüsse das Erfühlen des Möglichen bedeutsamer als das Erkennen des Erwünschten und der zu ihm führenden Wege; der Staatsmann, der gestaltende Politiker, steht im innern Wesen dem Wirtschaftsunternehmer näher als dem nur verwaltenden Beamten. Aber auch der politische Minister, selbst wenn er sich gar nicht als Ressortchef gibt und nur die allgemeinen, leitenden Ideen der Gesamtpolitik (nach englischer Art) in seinen Verwaltungszweig hineintragen will, steht doch sofort in starker Abhängigkeit von den Notwendigkeiten des öffentlichen Dienstes: er muß fähig sein, das Gefühlsmäßige seiner Zielsetzung den Beamten verstandesmäßig klar zu machen, wenn anders er nicht auf das selbständige Mitarbeiten dieser Sachkenner verzichten will; und er muß bei jedem einzelnen Schritt, der ihn seinen allgemeinen Zielen näher bringen soll, ebenso an die Vergangenheit seiner eigenen Behörde anknüpfen, wie auf die Arbeit der übrigen Verwaltungszweige Rücksicht nehmen, wenn anders nicht das ganze Staatsgefüge erschüttert werden soll. Erst recht sind die ausführenden Beamten trotz aller Referats- und Ressorteifersucht bis in die kleinsten Einzelmaßnahmen hinein an das Miteinander gekettet, das sich zeitlich und ressortmäßig aus dem gemeinsamen Ziel der Staatskraft oder der Gemeindewohlfahrt ergibt.

Die Regelung jedes Einzelfalls ist daher stets in den größeren Zusammenhang des Ganzen zu stellen. Es ist zu prüfen, ob nicht an einer anderen Stelle bereits ein gleiches oder doch ähnliches Vorkommnis zu einem behördlichen Eingriff geführt hat, der dann auch hier zu beachten ist. Eben deshalb ist vorsorglich abzuschätzen, wie die Einzelanordnung sich etwa in der Zukunft auswirken kann, und zwar gerade auch auf Verhältnisse, die der anordnende Beamte vielleicht persönlich gar nicht kennt und nicht zu übersehen vermag. Die einmal getroffene Entscheidung, zumal wenn sie schon bekannt geworden ist, läßt sich nur schwer und selten ohne Schädigung des behördlichen Ansehens rückgängig machen oder auch nur in ihren Wirkungen aufheben. Kurz: überall da, wo dem Leiter einer wirtschaftlichen Unternehmung der Einzelfall durchaus in seiner Besonderheit gegenübersteht und ihn keineswegs zu gleicher Entscheidung gleichgelagerter Fälle zwingt, da steht vor dem öffentlichen Beamten die Pflicht konsequenter und gleichmäßig voraussehender Handlungsweise; da wird von der Bevölkerung als unerträgliche Willkür empfunden, wenn in dem einen Falle gewährt und im gleich oder ähnlich gelagerten anderen Falle versagt wird. Für den Wirtschaftsmenschen ist schnelles Handeln, wie vom Weltmarkt her geboten, so in weiten

Grenzen auch möglich; er kann, was er soeben gekauft hat, gleich wieder verkaufen und braucht nicht nur deshalb, weil er heute gekauft hat, morgen wiederum zu kaufen — das Marktfalsche einer Maßnahme tritt in konkreter Rechnung verhältnismäßig rasch zutage und rächt sich auch nur am einzelnen Unternehmen. Dem Organ der öffentlichen Verwaltung dagegen muß die sorgfältige Prüfung aller Möglichkeiten wichtiger sein als das Schnelle des Entschlusses; die leidige, von niemand geliebte Heranziehung anderer Organe zur „Mitprüfung und Mitzeichnung" ist trotz alles Zeitverlustes unentbehrlich. Vorsichtige Bedachtsamkeit und korrekte Gleichmäßigkeit sind Grundbedingungen aller öffentlichen Verwaltung.

Eben hieraus folgt noch ein zweites, wodurch sich das Beamtentum vom Wirtschaftsleben unterscheidet: die sorgfältige Abstufung der Verantwortlichkeiten. Gewiß macht sich auch im Behördenapparat der Drang nach Zentralisation und die Tendenz, die Entscheidungsgewalt nach oben zu ziehen, stets recht nachhaltig geltend — besonders stark in parlamentarisch aufgebauten Staaten; denn jene allgemeinen Zusammenhänge sind nun einmal um so sicherer zu überblicken, je weiter der Arbeitsbereich der entscheidenden Stelle sich ausdehnt, und das Parlament kann seinen Einfluß am leichtesten an den zentralen Stellen der Staatsverwaltung geltend machen. Trotzdem sind die lokalen Unterschiedlichkeiten und in ihnen die sachlichen Verschiedenheiten in der Regel viel zu mannigfaltig und wichtig, als daß nicht doch ein sehr hohes Maß von Selbständigkeit den unteren Behörden gelassen werden müßte; wie anders, wie viel freier steht nicht etwa ein preußischer Landrat, obwohl zu den „politischen" Beamten zählend und deshalb jederzeit absetzbar, auch heute noch seinen Vorgesetzten gegenüber als der Filialleiter seinen Zentraldirektoren. Zwischeninstanzen sind häufig unentbehrlich, die obersten Stellen in ihrer Arbeit und Verantwortung zu entlasten, und auch sie können dieser Aufgabe nur gerecht werden, wenn das Maß ihrer Verantwortlichkeit nach oben und nach unten scharf abgegrenzt und das Recht des Widerspruchs zur selbstverständlichen Pflicht wird. Es ist nicht Zufall, sondern organische Notwendigkeit, wenn in aller Welt die öffentlichen Verwaltungen in ihren hierarchischen Aufbau eine besondere straffe und wohl abgewogene Gliederung zeigen.

b) Dem Aufbau der Verantwortlichkeiten entspricht die schematische Behandlung des Entgelts. Dies wird überall nach der Stellung bestimmt, die eine ganze Gruppe von Beamten im Gesamtkörper der Verwaltung einnimmt; und nach Gehaltsklassen, nicht nach der individuellen Leistungsfähigkeit bestimmen sich auch die Abstufungen. Sogar besondere, irgendwie als ungewöhnlich anerkannte Leistungen werden zumeist nicht in Geld, sondern durch formale Sondergunstbeweise ausgezeichnet; auch im unbürokratischen England etwa durch die Verleihung des Rittertitels, eines Ordens oder gar der Lordschaft. Soll dem Beamten eine finanzielle Besserstellung zuteil werden, so geschieht dies im Wege der Beförderung; sonst ist er auf die Erreichung höherer Altersklassen angewiesen. In der Beförderung aber wie in jenen Sondergunstbeweisen äußert sich das erfolgreiche Arbeiten, im Vergleich also mit dem Ergehen der Berufs- und der Amtsgenossen. Der Beamte braucht unter dieser persönlichen Betrachtungsweise den Vorgesetzten und schließlich eine oberste Verwaltungsspitze. Deren Anerkennung bedeutet für ihn dasselbe, was dem Unternehmer der am Weltmarkt erzielte Gewinn ist.

Die klassenmäßige Gehaltsabstufung wiederum hat mit irgendwelchem Wettbewerb nichts zu schaffen. Sie pflegt vielmehr gerade nach solchen Gesichtspunkten ausgerichtet zu sein, wie sie der Weltmarkt für seine Preisbildung ablehnt; nach den Produktionskosten nämlich, die aus dem geforderten Ausbildungsgange und aus der Lebenshaltung entstehen, und nach dem Empfinden der Angemessenheit, das je nach dem Grad der Verantwortlichkeit der verschiedenen Stellungen ihren Inhabern auch Verschiedenheiten der Lebenshaltung zubilligt. Die Betonung der Lebenskosten in der Gehaltsbemessung ist das Gegenstück zu der amtlichen Beanspruchung, die sich ja grundsätzlich nicht auf die Ausführung ganz spezieller Dienstobliegenheiten und auf das Innehalten festgelegter Dienststunden beschränkt, sondern den ganzen Menschen erfaßt und seine gesamte Arbeitsfähigkeit umschließt.

Lebenskosten aber lassen sich als Unterlage des Entgelts ohne den Begriff der Angemessenheit nicht irgendwie feststellen. Für den Beamten ist mithin ein Entlohnungssystem schlechthin notwendig, das der Preisbildung der mittelalterlichen Nachbarschaftswirtschaft allenfalls entspricht, an den Verhältnissen der neuzeitlichen Weltmarktwirtschaft sich jedoch immer wieder reibt [1]).

Dem Aufbau eines solchen Entlohnungssystems stehen jetzt aus den eigenen Zusammenhängen beträchtliche Schwierigkeiten entgegen. Nicht so sehr deshalb, weil die Kosten jeder Lebenshaltung von den Weltmarktpreisen entscheidend bestimmt werden und demgemäß zeitliche Schwankungen durchmachen; dem läßt sich in ausreichendem Umfang in der Gehaltsbemessung noch Rechnung tragen. Viel bedeutsamer ist, daß der Angemessenheitsbegriff nicht mehr die frühere Festigkeit hat und haben kann. Er ist seinem Wesen nach aufs engste mit traditionellen Gegebenheiten verbunden, und diese sind allenthalben stark aufgelockert, wenn nicht sogar verschwunden. So ist in allen deutschen Einzelstaaten von jeher das Gehalt der höheren Beamten, von denen als Regel die akademische Ausbildung gefordert wird, nach einer Lebenshaltung bestimmt gewesen, die für eine sozial und kulturell führende Schicht erforderlich scheint, und hierfür wieder fand man einen brauchbaren Maßstab in den Üblichkeiten jener Bevölkerungsteile, aus denen sich das höhere Beamtentum älterer Zeit so gut wie ausschließlich rekrutierte; es stand sogar der festen Lebensgewohnheiten dieser Schichten wegen nichts im Wege, daß in Nord- und Süddeutschland die Gehälter gleicher Stellungen verschieden bemessen wurden und doch in beiden Gebieten die Bedeutung der höheren Be-

[1]) Hier liegt auch der grundlegende Unterschied zwischen den Beamten und den Universitätslehrern. Diese wirken nicht zusammengefaßt auf ein einheitliches Ziel hin; als Lehrer und Forscher steht vielmehr jeder Einzelne für sich. Demgemäß ist auch das Entgelt individuell und von großer Unterschiedlichkeit, in seinem Wesen mit von „Markteinflüssen" bestimmt und dem Unternehmer-Einkommen näher als dem des Beamten verwandt. Dies wird häufig von Beamten verkannt, vom Steuerrecht aber z. B. in der Weise anerkannt, daß den Universitätslehrern die Aufrechnung von Werbungskosten in beträchtlichem Ausmaß zugestanden ist.

amtenschaft als des sozial und kulturell führenden Bevölkerungsteils niemals einer Anzweifelung unterlag. In England andererseits hat man diese soziale Stellung niemals der Beamtenschaft zuerkannt, sondern sie stets dem Großgrundbesitz allein vorbehalten, und so konnte man auch die Gehälter der höchsten Beamten (etwa der Permanent Secretaries der Ministerien) nach englischen Begriffen sehr niedrig setzen und ihnen noch dazu die Sicherheit der Lebensführung verweigern, die für die deutschen Beamten in der festen Anstellung und dem Pensionsrecht liegt; es ist traditionsgemäß, daß dort noch immer die Politiker, wenn und solange sie als Minister in staatlicher Stellung stehen, weitaus höhere Gehälter als die Spitzen der Beamtenschaft beziehen, und daß in der sehr geringen Zahl pensionsberechtigter Gehaltsempfänger wiederum ein Politiker, nämlich der Präsident des Unterhauses, an erster Stelle steht. Für Deutschland bedeutete es dagegen schon eine beträchtliche Auflockerung der Tradition, als mit zunehmender Entwicklung der Industrie und des Handels auch Söhne dieser Berufsgruppen in die höhere Beamtenschaft eintraten und darin, ebenso wie die von dort hereinheiratenden Töchter, neue Anschauungen vom Lebensnotwendigen zur Geltung brachten; in Norddeutschland hat sich sogar im Anschluß an diese Erscheinung die soziale Differenzierung der staatlichen Verwaltungszweige ungleich schärfer als zuvor ausgeprägt. Und als dann mit dem Ende des vorigen Jahrhunderts aus dem katholischen Mittelstand in beträchtlichem Umfang die Söhne in die höhere Beamtenschaft einzudringen begannen, wurde es vollends schwierig, von einem einheitlichen Stand der Lebensführung und deshalb „berechtigten" Lebensansprüchen der Beamten zu sprechen. Wo will man heute den Maßstab, der auch von den übrigen Bevölkerungsschichten als zutreffend anerkannt wird, für eine Berufsgruppe hernehmen, die das Geschlossene der Vergangenheit zu erheblichem Teil verloren hat? — heute, da das Reich seine Beamten in allen Teilen Deutschlands verteilt sieht und somit in Gebieten sehr verschiedener Lebensgewohnheiten gleich zu besolden hat, und da auch die höhere Beamtenschaft aus allen Schichten der Bevölkerung sich ergänzt.

Dieser Folgerung muß ins Auge sehen, auch wer von der

neuzeitlichen Heterogenität eine Steigerung der Leistungsfähigkeit für unsere Staats- und Kommunalverwaltung erwartet. Sie bedeutet nicht weniger, als daß in die Gehaltsfestsetzungen unvermeidlich ein beträchtliches Maß von Willkür hineingetragen wird, und daß erst einmal wieder die Lebensgewohnheiten nach dem Einkommen auszurichten sind. Gerade dies steht jedoch mit dem innersten Wesen öffentlichen Beamtentums in Widerspruch und stellt daher jenem Vorteil auch schwere Nachteile gegenüber. Namentlich fehlt es jetzt an einem festen Schlüssel, innerhalb der Gesamtbeamtenschaft die erforderlichen Abstufungen der Gehälter zu bestimmen. Es wird zwar von keiner Seite bestritten, daß nach wie vor das verschiedene Maß von Verantwortlichkeit auch in der Entlohnung sich auswirken solle, daß also bei gleichem Dienstalter der Vorgesetzte auch im Gehalt dem Untergebenen überlegen sei. Aber schon die Art der Vorbildung wird keineswegs mehr als so ausschlaggebendes Element anerkannt, wie früher; man wünscht in weiten Kreisen der Beamtenschaft selbst, die lange Diensterfahrung gleichwertig etwa mit akademischer Vorbildung behandelt zu sehen. Und erst recht wird um das Ausmaß der Abstufungen von Gehaltsklasse zu Gehaltsklasse ebenso wie um die Einreihung der einzelnen Stellungen und um die Altersstufen notwendigerweise zwischen den verschiedenen Beamtengruppen heftig gekämpft. Da nun aber der traditionelle Maßstab nicht mehr gelten kann und es einen objektiven Maßstab nicht gibt, so greift der Kampf auf das parteipolitische Feld hinüber: das unsachlichste aller Argumente, die reine Ziffer der Gruppenangehörigen, will sich geltend machen.

c) Fast noch größer ist die Gefahr, die sich aus dem Vergleich unvergleichbarer Größen erhebt. Die Beamtengehälter der öffentlichen Verwaltungen und die Angestelltenlöhne der wirtschaftlichen Unternehmungen sind von den Aufgaben her, die es hier und dort zu erfüllen gilt, für ihre Bemessung auf völlig verschiedene Ebenen gestellt.

Bei den Beamten handelt es sich darum, sie aus dem Kampf des Lebens herauszunehmen und ihnen in einer gesicherten Stellung die Unterlage für ein Arbeiten zu geben, das ganz und gar dem Gemeinwesen dient und keinen Raum für die Verfolgung egoistisch-materieller Ziele lassen darf. Deshalb gilt es hier die Deckung der Lebenskosten, wie sie je nach der Stellung als angemessen empfunden werden, und niemals mehr. Deshalb kann es hier keine Gewinnaussicht und keine geldliche Belohnung besonderer Leistungen geben. Die ganze Regelung ist nicht des Beamten, sondern der Allgemeininteressen wegen jedem Wettbewerb planmäßig entrückt. Dem Wirtschaftsleben zwar steht der Beamte, so unentbehrlich seine Tätigkeit als Unterlage aller wirtschaftlichen Arbeit ist, unmittelbar lediglich als Konsument und nicht als Produktions-Beteiligter gegenüber; sein Entgelt empfängt er aber in Art und Höhe durchaus nach Maßgabe der Tätigkeit, die er im Gesamtrahmen der öffentlichen Aufgaben auszuführen hat — als Produzent also, einen wirtschaftlichen Ausdruck für eine nichtwirtschaftliche Erscheinung zu gebrauchen.

Bei den Privatangestellten dagegen und bei den Arbeitern der wirtschaftlichen Unternehmungen liegt es im Wesen des kapitalistischen, auf Weltmarktbedienung eingestellten Systems, daß auch die Entlohnung unter dem Ziel der Weltmarktanpassung steht, daß also alles auf die Leistungen und ihre Kosten ankommt. Außerhalb des Betriebes wird nichts vom Angehörigen einer Privatunternehmung verlangt, und die Gestaltung der Lebensführung ist eine reine Privatangelegenheit, um die das beschäftigende Werk sich nicht kümmert. Schon der Konkurrenz der anderen Unternehmungen wegen, die mit ihren Betriebskosten die Preise der zu verkaufenden Waren mit bestimmen, kann weder für die obersten Spitzen noch für die untersten Organe irgendwo ein höheres Entgelt gezahlt werden, als der Marktlage für die verschiedenen Schichten der Angestellten und Arbeiter jeweils entspricht. Auch die höchsten Einkommen, soweit sie wirklich Entlohnung für bestimmte Leitungsleistung und nicht etwa (wie zumeist die Tantiemen) Unternehmergewinn sind, zeigen den Marktcharakter insofern, als monopolmäßige Leistungsfähigkeit auch hier Monopolpreise nach sich zu ziehen pflegt. Sogar die Lebenssicherung, die durch öffentlich-rechtlichen Versicherungszwang und oft genug durch öffentliche finanzielle Leistungen bewirkt wird, steht unter ganz anderem Einfluß wie bei den Beamten; sie soll nicht das exakte, unparteiische Arbeiten in den Betrieben gewährleisten, sondern vielmehr in das außerbetriebliche Leben der Versicherten ein Mindestmaß von Ruhe und Sorgenfreiheit hineintragen; sie steht im persönlichen Interesse des Angestellten und Arbeiters, hängt nicht mit der von ihnen zu leistenden Arbeit zusammen — sie faßt ihn an seiner Konsumenten-, nicht an seiner Produzentenseite. Auch dies hat seine sehr guten Gründe und gewichtigen Vorteile, steht aber einem Einkommensvergleich mit den Beamten als absolutes Hindernis entgegen.

Noch deutlicher wird das Unmögliche des Vergleichs, sobald man von Reihe zu Reihe die verschiedenen Stufen nebeneinander zu halten versucht. Die Vorbildung, die im Beamtentum einen so wichtigen Maßstab für die Gehaltsbemessung abgibt, hat in der Wirtschaft nur untergeordnete Bedeutung: sie spielt zwar, wenn es sich um technische oder juristische Fachkenntnisse handelt, — d. h. bei den wirtschaftlich nicht entscheidenden Aufgaben — in die Stellenbesetzung naturgemäß hinein; sie bleibt aber völlig außer Betracht, wenn es sich um die höchsten, die kaufmännisch und organisatorisch wichtigsten Posten handelt, für deren Ausfüllung das Marktgefühl und die Kunst der Menschenbehandlung allenthalben wichtiger als der Besitz von Fachkenntnissen sind. Das Maß der Verantwortlichkeit, wiederum für die Abstufung der Beamtengehälter besonders bedeutsam, läßt ebenfalls keinen Vergleich zu; wie will man denn die öffentliche Verwaltung, um deren Leitung und Ausübung sich unendlich viele Organe in straff geregelter Aufgabenteilung bemühen, mit dem rein wirtschaftlichen Gebaren der großen und kleinen Unternehmungen auf einen Nenner bringen? Die Zentralleitung und die Filialvorstände großer Konzerne etwa stehen sich keineswegs in auch nur ähnlicher Selbständigkeit und Gebundenheit gegenüber wie die Leiter der staatlichen Zentral- und Lokalbehörden: die obersten Spitzen sind in der Wirtschaft in aller Regel mit viel größerer Machtbefugnis und Befehlsmöglichkeit ausgestattet als in der öffentlichen Verwaltung, und demgemäß steht den Leitern der lokalen Stellen hier die größere Bewegungsfreiheit zu als dort. Auch das Verhältnis zwischen Vorgesetzten und Untergebenen ist nach Rechtslage und Tradition in der öffentlichen Verwaltung völlig anders gestaltet wie in den wirtschaftlichen Betrieben, also auch auf andere Veranwortlichkeits-Beziehungen eingestellt. Sogar von der Konsumentenseite, von den Notwendigkeiten der Lebenshaltung her läßt sich nicht zu einem Vergleiche kommen; denn die Anlegung dieses Maßstabes hätte bereits die Einreihung der beiden Bevölkerungsreihen in irgendwie abgegrenzte soziale Stufen zur Voraussetzung und fände in der Wirtschaft bei keiner Schicht eine halbwegs ausreichende Gleichmäßigkeit und Bestimmtheit als Unterlage. Wie sollte schließlich auf der einen Seite die Festigkeit der Anstellung und das Pensionsrecht, auf der anderen Seite die viel weiter gehende Möglichkeit eines Aufstiegs von der untersten zu den allerhöchsten Stellungen ziffernmäßig ausgewertet werden?

Wie immer man den Vergleich zwischen wirtschaftlicher Entlohnung und Beamtengehältern ziehen wollte, — um starke und maßgebliche Willkürlichkeiten ist nicht herum zu kommen; dann darf aber überhaupt nicht verglichen werden. Dem Beamtentum wird ein tragender Bestandteil seines ganzen Wesens genommen, sobald die Gehälter irgendwie in die Zusammenhänge kapitalistischer, weltmarktmäßiger Preisbildung gelangen.

II.

Die beamtenmäßigen Züge in der kapitalistischen Wirtschaft.

Eine Auflockerung der beamtenmäßigen, das Konsumenten-Interesse wirtschaftlich betonenden Sonderstellung ist allerdings gerade vom Kapitalismus in die bisherige Entwicklung eingeführt worden. Und zwar in beiden Richtungen: in der kapitalistischen Wirtschaftsweise machen sich mannigfach beamtenmäßige Züge geltend, und die öffentlichen Verwaltungen haben einen starken Einschlag kapitalistischer Denkweise erhalten.

1. Für die **Konsumentenstellung aller Lohnempfänger,** wie sie unmittelbar im Wirtschaftsleben sich betätigen, hat die Preisbildung des Weltmarkts — mag sie im Wechsel von Gewinn und Verlust, oder aber im Auf und Ab des Lohnes sich auswirken — die unbehagliche Folge eines dauernden Schwankens der geldlichen Unterlagen, auf denen die Lebenshaltung sich jeweils aufbaut. In nicht ganz unbeträchtlichem Umfang muß sogar das völlige Verschwinden der Einkommensquelle, die Arbeitslosigkeit der Lohnempfänger ebenso wie der Konkurs der Unternehmer, als eine regelmäßig auftretende und deshalb normal zu nennende Erscheinung hingenommen werden. Kein Wunder, daß die gefährdeten Bevölkerungsschichten sich hiergegen zur Wehr setzen und auch in ihre Lebensführung ein gewisses Maß von Sicherheit und Regelmäßigkeit nach Beamtenart zu bringen versuchen.

a) Zuerst taten dies bekanntlich die Handarbeiter, indem sie sich in mannigfachen Formen zu Gewerkschaften zusammenschlossen und so, wenn sie schon das Getriebe des Arbeitsmarktes nicht ganz ausschalten konnten, doch innerhalb dieses Getriebes zur geschlossenen Marktmacht gelangten. Hierbei ist bezeichnend, daß England den Anfang gemacht hat; denn die „Werkstatt der Welt“ ließ zuerst und mit der ganzen Wucht einer neuen Erscheinung ihre Arbeitskräfte das Schwanken der Absatzgelegenheiten in starken Schwankungen der Beschäftigung spüren. Es ist weiter bezeichnend, daß die englischen Trade Unions ebenso stark, wie durch Lohnkämpfe, ihre Mitglieder durch die Übernahme von Versicherungsleistungen zusammengehalten und den Sachbereich ihrer Unterstützungen immer weiter ausgedehnt haben; ein deutliches Zeichen, daß die Sicherung der Lebenshaltung ihnen ebenso wichtig wie deren Verbesserung war.

In Deutschland, wo das Reich sich bekanntlich früh für die „Versicherung“ der Handarbeiter gegen Krankheit, Unfälle, Alter und Invalidität eingesetzt hat, kommt derselbe Trieb in dem Drängen der Arbeiter nach Sicherung gegen Arbeitslosigkeit zur Wirkung, und stärker noch als in England zeigen hier im neuen Jahrhundert die zahlreichen Tarifverhandlungen, die zwischen den Gewerkschaften und den Arbeitgeber-Verbänden geführt worden sind, in der Forderung auf längere Dauer der Vereinbarungen, daß es den Vertretern der Arbeiter wesentlich darauf ankam, das Lohneinkommen in Regelmäßigkeit und Übersehbarkeit dem Gehaltsbezug der Beamten anzunähern. In erheblichem Grade ist dieses Ziel jetzt durch das Schlichtungswesen und die Arbeitslosenversicherung erreicht. Von der marktmäßigen Festsetzung der Arbeitsbedingungen und des Arbeitsentgeltes ist man beträchtlich weit abgekommen. Das Konsumenteninteresse der Arbeiter findet entscheidende Berücksichtigung. —

b) Bei den sogen. Angestellten sieht es allerdings etwas anders aus. Sie zerfallen in zwei verschieden große Gruppen, deren Eigenheiten mit besonderer Deutlichkeit in der Regelung ihrer Konsumentenstellung hervortreten. Während die große Masse und damit eine Bevölkerungsschicht, die in den letzten Jahrzehnten sich ganz gewaltig ausgedehnt hat, nach Form und Inhalt der Lebenssicherung sich im wesentlichen in den Bahnen der Handarbeiter bewegt, nehmen die „höheren“ Angestellten eine ausgeprägte Sonderstellung ein.

Unter dieser Bezeichnung werden diejenigen Angestellten zusammengefaßt, die in den einzelnen Unternehmungen bereits den leitenden Posten nahestehen und durch den Bezug von Tantiemen auch der Art nach mit ihrem Einkommen an Unternehmer-Einkommen heranrücken. Sie fühlen sich als „werdende Unternehmer" und haben deshalb nicht nur kein Interesse daran, sich den Gewerkschaften der Angestellten oder Arbeiter anzuschließen, sondern umgekehrt schon des sozialen Eindrucks wegen ein Interesse, sich von allen „Massen-Organisationen" fernzuhalten. Für sie gibt es daher keine Tarifverträge oder sonstige Gruppenabmachungen, aber auch keine staatlichen Zwangsversicherungen. Sie sind für die Sicherung ihrer Lebenshaltung völlig auf eigene Maßnahmen gestellt. Solange sie nicht über eigenes Vermögen verfügen und sich auch im Betrieb noch nicht schwer entbehrlich haben machen können, namentlich also in ihren jüngeren Jahrgängen, lastet auf ihnen demgemäß das Risiko des Angestelltenmarktes mit seiner vollen Wucht. Mit der Unsicherheit ihrer Stellung und damit ihrer Lebenshaltung zahlen sie als Konsumenten für die Erwartungen, die sie als Glieder der Produktion in sich tragen.

Es ist die sozial bedeutsamste Folge der starken Werkskonzentration und der Konzernbildung, die sich in einigen (allerdings wenigen) Wirtschaftszweigen geltend machen, daß sich gerade diesem Kreis von Angestellten die Aussicht verengt, in eine selbständige Leitungsposition zu gelangen, und daß infolgedessen auch hier das Individualgefühl, der Träger aller Risikofreudigkeit, mehr und mehr dem gewerkschaftlichen Massenempfinden Raum geben muß. Es kann nicht ausbleiben, daß ein solcher Wandel der Stimmung und des Ehrgeizes auch in die Produktionsleistung der höheren Angestellten hinüberschlägt. Damit wird in die Betriebe unfehlbar Verantwortungsscheu und Betonung einer korrekten Ausführung der von oben kommenden Anordnungen hineingetragen, die selbständige Initiativkraft gerade auf den höheren Posten gelähmt. Und dies zieht wiederum als unvermeidliche Folge nach sich, daß die leitenden Stellungen der ganz großen Unternehmungen gerade nicht aus deren eigenen Angestelltenschaft, sondern lieber mit Außenseitern besetzt

nehmer erfaßt. Je mehr nämlich der Weltmarkt dank seiner räumlichen Ausweitung an Unübersichtlichkeit zugenommen und dank seinem Gegensatz zu den Grundelementen moderner Technik das Risiko der Produktion gesteigert hat, umsomehr sehen wir die Führer dieser Produktion bestrebt, das Marktverhältnis ihrer Unternehmungen durch entsprechende Betriebskombinationen und Kartellbildungen wieder auf Übersehbarkeit umzugestalten und auch ihre eigene Lebenshaltung vor den schwersten Verlustwirkungen durch Absonderung beträchtlicher Vermögensteile zu bewahren. So zweifelsicher und unbeschränkt, wie noch vor einem oder zwei Menschenaltern, beherrscht heute nicht mehr jene Unternehmernatur das Feld kapitalistischer Wirtschaft, die erst im Getümmel des Marktes sich recht eigentlich wohlfühlt und ihre vollen Kräfte spannt, die aber auch die eigene Existenz und die der Familie restlos an das Gedeihen „ihres" Werkes knüpft. Der „Kaufmann" ist schon recht häufig dem „Organisator" gewichen, und Rechtsformen mannigfacher Art sind entwickelt worden, um den „privaten" Vermögensbesitz der Unternehmungsleiter vom Unternehmungskapital loszulösen und selbst feste Gehälter an die Stelle der Gewinn- und Verlustschwankungen treten zu lassen. Handelt es sich hierbei auch sicherlich noch immer um Erscheinungen, die nicht etwa als allgemein gültig angesprochen werden dürfen, so sind sie doch zahlreich und wichtig genug, nicht übergangen zu werden.

a) Besonders bezeichnend ist, daß der Bildung von gemischten Werken und Unternehmungs-Konzernen, die sich ursprünglich überall an technische Bedürfnisse angelehnt hat und großenteils auch heute noch von dieser Seite her bestimmt wird, der Zug ins Grandiose erst von dem Streben nach Marktunabhängigkeit und nach Marktbeherrschung aufgedrückt worden ist.

Den technischen Notwendigkeiten — also etwa dem Bedürfnis, die Qualität der herzustellenden Objekte durch eigene Gewinnung der Rohstoffe und Vorfabrikate zu sichern oder das eigene Vorfabrikat durch Angliederung der Verarbeitung vor falscher Behandlung zu schützen — kann in aller Regel genügend Rechnung getragen werden, ohne daß das Ganze der

Produktion und Fabrikation durch die verschiedenen Betriebe hindurch auf gleiche Mengenleistung gestellt wird; es reicht zumeist aus, wenn einem großen Kernbetriebe nur kleinere Werke der Vor- oder Nachbehandlung angegliedert werden. Will man aber mit der ganzen Unternehmung marktunabhängig werden, so heißt es in allen Stufen des Fabrikationsganges die Betriebe auf diejenigen Leistungsmengen einzurichten, die an einer Stelle das Höchstmaß der Anlagenausnutzung ergeben, und oft genug wird es sogar nötig, in den höheren Verarbeitungsstufen, weil deren Ergebnisse sich in einheitlicher Gestalt nicht in den erforderlichen Mengen absetzen lassen, die Betriebe horizontal zu häufen und so die Massen des Vorfabrikates in eine ganze Menge verschiedener Fertigfabrikate umzuwandeln. Erst dann ist man sicher, daß die Preisschwankungen, die bei den Rohstoffen und den Massenfabrikaten der ersten Verarbeitungsstufen eben des Massencharakters wegen am stärksten zu sein pflegen, nicht in die Gestehungskosten der Fertigfabrikate hineinschlagen (als Einkaufskosten), sondern daß die wesentlich gleichmäßigeren Gestehungskosten der eigenen Vorstufenbetriebe in der Gesamtberechnung der kombinierten Unternehmung bis zuletzt wirksam bleiben. Und man erreicht weiter, daß der Gesamtheit dieser Gestehungskosten nicht nur die wesentlich stärkere Gleichmäßigkeit einzelner Fertigfabrikatpreise, sondern auch noch der Ausgleich gegenübersteht, der sich für die Preisbewegungen mannigfacher Verkaufsobjekte aus deren jeweils verschiedener Marktbewegung zu ergeben pflegt.

Dann ist aber auch, wenn das Ziel der Marktunabhängigkeit wirklich erreicht wird, die Abstimmung der aufeinander folgenden und nebeneinander stehenden Teilwerke buntester Technik eine so gewichtige und schwere Aufgabe, daß die Leitung der Gesamtunternehmung wie auch des loser gefügten Konzerns mit ihr vollauf belegt ist und der Marktbedienung kaum noch Aufmerksamkeit widmen darf. Der Organisator wird zur entscheidenden Persönlichkeit; und wie dicht er an Beamtenart herangerückt ist, zeigt deutlich die bekannte Erscheinung, daß wiederholt Beamte der öffentlichen Verwaltung an die Spitze solcher Großunternehmungen geholt worden sind.

Von außen her erkennbar wird dieses Zurückdrängen des marktmäßig eingestellten Kaufmanntums, wenn die Werke gleicher Produktionsstufe sich nicht zu neuen Produktionsunternehmungen, sondern zu straffen Syndikaten zusammenschließen. In diesem Fall werden die leitenden Männer der Produktionsbetriebe von der unmittelbaren Markttätigkeit völlig befreit, da der Syndikatsvorstand ihnen das Einkaufen oder Verkaufen abnimmt; und wiederum ist es bezeichnend, daß man gerade bei den größten Syndikaten in denjenigen Mitgliederversammlungen, die sich mit den Marktfragen beschäftigen, keineswegs regelmäßig die obersten Leiter der Mitglieds-Unternehmungen, also etwa die Konzernspitzen, sondern häufig die Männer zweiter Garnitur findet. Nicht zuletzt die Abneigung der organisatorisch interessierten Unternehmungsleiter gegen das Feilschen um den Preis und gegen das Umwerben der Abnehmer, gegen die kaufmännischen Aufgaben also, hat an der Wiege manchen Syndikats gestanden und die sicher ebenfalls starke Abneigung gegen die Beeinträchtigung der vollen Selbständigkeit überwunden, die mit der Errichtung eines Syndikats notwendig verbunden ist. Die „Marktbeherrschung", die aus dem Zusammenschluß der Produktionswerke herausspringen kann, und die damit gegebene Verringerung des Marktrisikos ist dem „Organisator" den Preis der selbständigen Marktstellung wert.

b) Im Gegensatz zu diesen organisationsmäßigen Wandlungen, die das unternehmerhafte Handeln in seinem ganzen Wesen erfassen und demgemäß mit ihrer Wirkung gleichmäßigerer Erträge alle Personengruppen der beteiligten Unternehmungen (Kapitalisten und Unternehmer, Angestellte und Arbeiter) irgendwie berühren, gilt das Streben, dem Risiko des Unternehmens wenigstens einen Teil des Vermögens zu entziehen, unmittelbar und ausschließlich der Lebenssicherung des Unternehmers selbst und seiner Familie; es entspricht also dem Ziel der Arbeiter und Angestellten, in ihrer Konsumentenstellung gegen die Folgen von Krankheit, Arbeitslosigkeit und Alter nach Art der Beamten geschützt zu werden. In diese Reihe gehört schon die seit alters bekannte Erscheinung, daß die Inhaber und Leiter von Handels- und

Industrie-Unternehmungen einen Teil ihres Vermögens in Grundbesitz anlegen und diesen dann auf den Namen etwa der Frau schreiben lassen; denn wenn hierbei auch der soziale Ehrgeiz, in die führenden Agrarschichten des Staates einzutreten, oft den Anstoß und die Entscheidung gibt, so ist es doch auch dann eine willkommene Nebenwirkung, daß ein nachhaltiges Fehlschlagen jener Unternehmungen, ein Zusammenbruch etwa der Firma, die Familie nicht aller Unterhaltsmittel beraubt, und daß vielleicht sogar von jener Grundlage her der Aufbau einer neuen Unternehmung ermöglicht wird. Auch die Rechtsform der Aktiengesellschaft läßt sich diesem Zwecke der Lebenssicherung dienstbar machen; mag ihr Leiter das gesamte Aktienkapital besitzen und die Führung genau nach Art eines nicht-gesellschaftlichen Werks ausüben, — den Gläubigern haftet er nur mit jenem Aktienbesitz, und was er sonst sein Eigen nennt, ist ihrem Zugriff entzogen. In den sogen. Familien-Aktiengesellschaften ist es auch durchaus möglich, daß den Familienmitgliedern, die im Vorstand die Unternehmerfunktion innehaben, durch Festsetzung bestimmter Gehälter, die als Kosten der Unternehmung und nicht als Gewinnanteile erscheinen, das Unternehmerrisiko abgenommen wird. Auch sonst kommt es häufig vor, daß sogar den Mitgliedern des Aufsichtsrats ein festes, vom Gewinn unabhängiges Entgelt neben ihrem Gewinnanteil zugebilligt wird. Eigens zu dem Zwecke jedoch, das Kapitalrisiko für die Firmeninhaber auf bestimmte, im voraus festgelegte Kapitalmengen zu beschränken, ist jene Gesellschaftsform zu dienen bestimmt, die in Deutschland als G. m. b. H., in England als Private Limited Company bezeichnet wird; sie ist aus eben diesem Grunde von der alten Unternehmer-Generation heftig angefeindet worden, erfreut sich aber in der neueren Zeit allenthalben zunehmender Beliebtheit, und sie hat sich tatsächlich jene Bedeutung einer Sicherung des außerhalb gehaltenen Vermögensbesitzes im wesentlichen bewahrt, wenn schon sie mit anderen Zielsetzungen ebenfalls vorkommt — das Gegenstück zur Aktiengesellschaft also, die ihrer Grundidee nach die zum Aufbau eines Werks erforderlichen Geldmengen aus weiteren, dem Unternehmen fremd gegenüberstehenden Kapitalistenkreisen heranholen soll und für diese

Kapitalisten das Risiko auf ihre Einlagen beschränkt, die dann aber auch zu jenen Lebenssicherungen der leitenden Männer sich benutzen läßt. Es ist für die Betonung dieses Ziels recht bezeichnend, daß die eigenartige Rechtsform der Kommanditgesellschaft auf Aktien so wenig Anklang gefunden hat: der Vorzug, daß die „Geschäftsinhaber" gegenüber den Aktionären eine wesentlich größere Selbständigkeit als bei den gewöhnlichen Aktiengesellschaften besitzen, wird durch den Nachteil aufgehoben, daß sie mit ihrem ganzen Vermögen für etwaige Fehlschläge haften.

Der Möglichkeiten, dem Risiko des Weltmarkts für die Unternehmer die Spitze abzubrechen, gibt es also eine ganze Reihe; und alle bedeuten sie, daß auch für die Unternehmerschaft als eine Art beamtenmäßigen Zuges jene allgemeinmenschliche Sorge um die Lebenssicherung der Familie übrig bleibt, daß also auch in den Führern der Produktion ein Platz für die Konsumentenseele gelassen ist. Die Unternehmer berühren sich hierin mit den Bestrebungen der Arbeiter und Angestellten. Und dennoch besteht beim Verfolgen dieses Zieles zwischen jenen und diesen ein gewichtiger Unterschied in der Stellung zum kapitalistischen System.

Die Arbeiter und Angestellten nämlich tragen notwendigerweise ihre Lebenssorgen unmittelbar in ihre Lohnansprüche und in die Lohnpolitik ihrer Gewerkschaften hinein. Wie sollten sie denn sonst ihre Konsumenteninteressen zur Geltung bringen? Damit greifen sie aber in die Gestaltung der Produktionskosten ein, und zwar gerade in diejenige Seite, die den leitenden Männern vom Weltmarkt her die schwerste Aufgabe stellt, — in die Notwendigkeit, das Ganze der Produktionskosten jeweils an die Weltmarktpreise anzupassen. Dies läßt sich mit Hilfe technischer Neuerungen und organisatorischer Wandlungen in aller Regel zwar am nachhaltigsten, aber nur in längeren Zeitabschnitten und immer nur unter Aufwendung neuer Kapitalien bewirken. Einige Zeit ist zumeist auch erforderlich, ehe etwa das Sinken der Fertigfabrikatpreise bis zu den Rohstoffpreisen sich durchsetzt, und werden diese gar durch Syndikate gegen den Druck des Weltmarkts noch besonders geschützt, so stehen die Verarbeiter zwischen einer unbeweglichen Kostenunterlage und sinkenden Fabrikatpreisen wie zwischen zwei Mühlsteinen in der Gefahr des Erdrücktwerdens. Hiergegen kann man sich, ebenso wie in der Überwindung jener Zeitspanne und erst recht eines etwaigen Kapitalmangels, nur durch eine Senkung der Personalkosten zur Wehr setzen. Bei ungünstiger Konjunktur tritt also das Konsumenteninteresse der Lohnempfänger in schärfsten Gegensatz zu dem Produzenteninteresse der Unternehmer, während deren Konsumenteninteresse außerhalb der Unternehmung sich auswirkt. Da in der Weltmarktwirtschaft aber mit Depressionszeiten immer zu rechnen ist, so müssen die Unternehmer nichts so sehr fürchten wie eine starre Betonung des Konsumentenstandpunkts in der Lohnpolitik der Gewerkschaften oder gar des Staates: dasjenige Mittel der Kostenanpassung, das sich am raschesten zur Wirkung bringen läßt, wird ihnen entwunden.

An dieser Sachlage wird auch dadurch nichts geändert, daß im Endergebnis des gesamten Wirtschaftskörpers, in volkswirtschaftlicher Betrachtung also, der wirkliche Gegensatz denn doch sich nicht so scharf darstellt, wie er in den einzelwirtschaftlichen Reibungen zutage tritt. Auch die Arbeiter und Angestellten sind ja in der Wahrung ihrer Konsumenteninteressen entscheidend vom Gange der Produktion abhängig. Und umgekehrt fällt es notwendig irgendwie auf die Produktionskosten, wenn die Löhne nicht mehr zur Aufrechterhaltung des gewohnten Lebensstandes der Lohnempfänger ausreichen. Wie die Gegenwart mit zunehmender Deutlichkeit zeigt, antwortet das Wirtschaftsleben auf die Unmöglichkeit der Kostenanpassung schließlich mit Arbeitslosigkeit; und wenn dann auch jener Teil der Arbeiter und Angestellten, der noch in seiner Beschäftigung bleibt, die Löhne in alter Höhe weiterbezieht, so wird doch die Zahl jener anderen Arbeitnehmer, denen ihre Einkommensquelle versiegt oder auf das Maß einer öffentlichen Unterstützung verringert wird, zunehmend größer und das durchschnittliche Einkommen sämtlicher Lohnempfänger entsprechend gedrückt. Andererseits kann ein modernes Gemeinwesen die Arbeitslosen nicht völlig ohne Einkommen lassen; und mag die Unterstützung aus Versicherungsleistungen oder aus öffentlichen Mitteln fließen, stets bedeutet sie eine Belastung der Produktionskosten, da auch die öffentlichen Mittel irgendwie durch Steuern aufzubringen sind — ein Umstand, der sich im heutigen Deutschland recht nachhaltig geltend macht, weil ein Teil unserer industriellen Werke mit Hilfe ausländischer Kredite schneller rationalisiert worden ist, als die dadurch frei gesetzten Arbeitskräfte von anderen Industriezweigen bei deren Kapitalmangel aufgesogen werden konnten, und weil nun auch bei den rationalisierten Werken die Aufträge fehlen, die ihnen bei gleichmäßiger Kapitalversorgung aus der technischen Erneuerung jener anderen Unternehmungen zufließen würden. Wir sind nun einmal noch längst nicht wieder auf jener Höhe des Produktionsmittel-Bestandes, namentlich der Rohstoffvorräte, des volkswirtschaftlichen Kapitalbesitzes also angelangt, den wir vor dem Kriege unser eigen nannten, und doch auf verkleinertem Raum beinahe bei der früheren Bevölkerungsgröße, die vom Ertrag jener Produktionsmittel leben soll. Volkswirtschaftlicher Kapitalmangel drückt unserem Wirtschaftsleben um so ausgeprägter seinen Stempel auf, als die mit Auslandskredit hergestellten Produktionsmittel stets einen beträchtlichen Teil ihres Ertrages und oft genug mehr als ihren Ertrag in der Form des Geldzinses und der Tilgungsbeträge an die Gläubigerländer abführen müssen, also sicher nur recht teilweise und wahrscheinlich gar nicht unseren Einkommensquellen zuzurechnen sind. Und bei Kapitalmangel würde allen Produktionsbeteiligten besser gedient sein, wenn die unvermeidliche Anpassung der Kosten an die Weltmarktpreise möglichst rasch in den anderen Produktionselementen, namentlich in den Personalkosten sich vollziehen ließe.

Hier schiebt sich jedoch in den Schichtengegensatz noch das Gewinninteresse der Unternehmer um so nachhaltiger ein, als in ihm die Produzenten- und die Konsumentenlinien zusammenlaufen. Vom Produktionsinteresse her betrachtet der Wirtschaftsführer den Gewinn als Maßstab seines wirtschaftlichen Erfolges und als Unterlage erweiterter Unternehmertätigkeit, und als Konsument braucht er ihn, um über die Kosten seines täglichen Lebens hinaus, die zu den Produktionskosten des Betriebes gehören, in privatwirtschaftlicher Vermögensbildung die Lebensführung der Zukunft für sich und seine Familie zu sichern. Von beiden

Reihen her wird er gedrängt, zwischen den Produktionskosten seines Werks und den erzielbaren Preisen des Marktes eine möglichst große Differenz herzustellen und hierzu, wie diese zu steigern, so jene nach Möglichkeit zu senken. In beiden Richtungen wirkt sich das Ergebnis in einer privatwirtschaftlichen Kapitalbildung aus, mag der Gewinn in die Reserven der Unternehmung oder aber in den Besitz der Unternehmer und Kapitalisten fließen. Und dies ist es, was dem Konsumentenblick der Lohnempfänger augenscheinlich wird: sie sehen aus dem Gewinn lediglich die Lebenssicherung und Lebensverbesserung, um die sie so hart im Lohne kämpfen müssen, für die andere Seite hervorgehen und lassen den Produktions-Gesichtspunkt unbeachtet; der Gewinn wird ihnen zum „Mehrwert", den sie durch ihre Arbeit dem Gut allein verliehen hätten, und der ihnen zugunsten des „Spekulanten" entzogen werde.

Der Gegensatz hat sich dadurch vertieft, daß das Vordringen der Aktiengesellschaft die Funktionen des Unternehmers und des Kapitalgebers den Personen nach auseinander gezogen hat. Bei jenem Kapitalisten, der noch sein eigener Unternehmer ist, erscheint immerhin eine Arbeitsleistung als Quelle seines Einkommens, und niemand kann nachrechnen, in welcher Höhe sich etwa das im Werke angelegte Kapital dank der Unternehmertätigkeit verzinst. Bei der Aktiengesellschaft dagegen wird an die Aktionäre, obwohl sie sich um die technischen und wirtschaftlichen Arbeitsvorgänge „ihres" Unternehmens gar nicht zu kümmen pflegen, in Gestalt der Dividende ein Ertrag ausgeschüttet, den sie lediglich ihrem Aktienbesitz verdanken, der aber im Werk von den dort tätigen Personen (Arbeitern, Angestellten, Leitern) erwirtschaftet worden ist. Man weiß in der Öffentlichkeit und so auch in den Arbeiter- und Angestelltenkreisen recht wohl, daß die Leitung der Gesellschaft, wenn irgend möglich, einen Teil des erzielten Gewinns vor der Ausschüttung bewahrt und als offene oder stille Reserven im Werke zurückhält. Man weiß aber auch, daß die Bewegungsfreiheit, die der Aufsichtsrat und schließlich auch die Generalversammlung dem Vorstand belassen, wie überhaupt die ganze Stellung des Vorstandes sehr maßgeblich von der Höhe und Regelmäßigkeit des tatsächlich verteilten Gewinnes abhängen, und daß auch die Reserven in den folgenden Jahren die Gewinne der Aktionäre zu erhöhen bestimmt sind. Demgemäß gilt der Vorstand, wie es der formalen Rechtslage entspricht, in weiten Kreisen der Bevölkerung ausschließlich als ein Kapitalverwalter und Vertreter der Kapitalisten, nicht als Träger einer abgesonderten Unternehmerfunktion. Und da die Nur-Kapitalisten mit dem Werk in der Tat nur durch ihr Konsumenteninteresse, nicht durch irgendwelche Arbeitsleistungen verbunden sind, so bewegen sich die Lohn- und die Gewinneinkommen hier auf der gleichen Verwendungsebene und werden unmittelbar miteinander vergleichbar. Es wird Raum dafür geschaffen, von der Lebenshaltung her den Maßstab der Angemessenheit auch an die Gewinne anzulegen.

Nicht zu verkennen ist endlich, daß der private Vermögensbesitz, soweit er dem Unternehmungs-Zusammenhang durch Absonderung einer G. m. b. H. oder andere Mittel entzogen wird, seine volkswirtschaftliche Aufgabe entscheidend gewandelt hat. Nach alter Auffassung, wie sie gerade auch in Unternehmerkreisen durchaus herrschend gewesen ist, lag seine Bedeutung der Allgemeinheit gegenüber darin, daß er der letzte und deshalb wichtigste Risikoträger war: im äußersten Notfall gaben die Firmeninhaber ihre selbständige Wirtschaftsexistenz daran, ihre Gläubiger zu befriedigen; es war also ein starkes Produzenteninteresse mit diesem Besitz verknüpft. Das schaltet vollkommen aus, sobald jene Beziehungen gelöst werden. Dann bleibt auch für die volkswirtschaftlich-allgemeine Betrachtung des Unternehmervermögens nur noch das Konsumenteninteresse übrig. Wiederum stellt sich der Maßstab der Angemessenheit für solche Einkommen ein, die aus gesichertem Vermögensbesitz stammen und für seine Bildung oder Vermehrung verwendet werden.

Da nun aber die Lebenshaltung der verschiedenen Bevölkerungsschichten sich in ihrer Unterschiedlichkeit nach außen viel deutlicher offenbart als die Eigenart und Bedeutung der in der Produktionssphäre geleisteten Arbeiten, so werden alle jene Verschiebungen, die sich in der Unternehmerstellung in gewissem Umfang geltend machen, von den Bevölkerungsteilen geringerer Lebenshaltung als allgemeingültig empfunden und zur schlechthin maßgebenden Erscheinung neuzeitlichen Wirtschaftslebens gestempelt. Sogar die Vertreter der Beamteninteressen machen nur allzu häufig diesen Fehler, obwohl die Sicherung der Lebensführung für das öffentliche Beamtentum eine wesentliche Voraussetzung der korrekten und ausschließlich dem Allgemeininteresse dienenden Diensterfüllung darstellt, also in den Bereich des Produzenteninteresses gehört und nicht — wie bei Unternehmern und Kapitalisten, Angestellten und Arbeitern wirtschaftlicher Betriebe — lediglich als Konsumentenangelegenheit zu behandeln ist.

c) Um so nachhaltiger ist zu betonen, daß auf der Unternehmerseite dem Verfolgen der Konsumenteninteressen offensichtlich enge Grenzen gezogen sind. Nichts berechtigt dazu, gerade die geschilderten Erscheinungen als typisch anzusprechen und in ihnen allgemeine Verfallzeichen der Weltmarkt-Wirtschaft, des Kapitalismus also, zu erblicken. Nicht einmal ein Nachlassen der Unternehmerenergie kann aus ihnen irgend wesentlich abgeleitet werden.

Unter den Formen der unmittelbaren Lebenssicherung ist die G. m. b. H. in Deutschland, wie es ihrer Bestimmung entspricht, auch tatsächlich die wichtigste. Es gab immerhin am 31. Dezember 1929 rund 50 000 Unternehmungen, die sich in diese Rechtsform gekleidet hatten, während es Mitte 1925 am Tage der gewerblichen Betriebszählung erst etwas mehr als 38 000 gewesen sind. Nähere Angaben, die einen Vergleich mit anderen Unternehmungsformen gestatten würden, liegen für die letzte Zeit leider nicht vor. Für 1925 zeigt sich jedoch die geringe Bedeutung jener absoluten Ziffer darin, daß es daneben nicht weniger als 2,8 Millionen Einzelunternehmungen und 74 000 offene Handelsgesellschaften und Kommanditgesellschaften in Handel und Gewerbe gab — Rechtsformen also, die den Trägern der Unternehmerfunktion noch das volle Risiko für ihr ganzes Vermögen belassen —, und daß in ihnen mehr als 9,8 Millionen Personen beschäftigt waren gegenüber nur rund 1,6 Millionen, die auf die G. m. b. H. entfielen. Schwerlich hat die Zunahme in der Zahl der G. m. b. H., die seit 1925 eingetreten ist, das Schwergewicht so verlagert, daß es zu ihnen gewandert wäre; in den letzten Jahren hat die

Zahl zudem schon wieder abgenommen. Wichtiger aber ist, daß die G. m. b. H. (ebenso wie die Aktiengesellschaft) die Produktionsseite des Unternehmertums in ihrem Wesen überhaupt nicht berührt und demgemäß auch die Marktstellung nicht. Man darf sogar zweifeln, ob nicht gerade die Begrenzung des Lebensrisikos dem Unternehmerwillen eine Kräftigung bedeutet; der Trieb zur Einkommensteigerung bleibt ja unangetastet, und es kann wohl sein, daß manche wirtschaftlich wertvolle Tat nur deshalb gewagt wird, weil nicht gleich die ganze Existenz der Familie ins Spiel kommt. Jedenfalls haben die Rechtsformen nichts daran geändert, daß der Wettbewerb des Weltmarktes sich in voller Wucht geltend macht und der ganzen Wirtschaftsweise seinen Stempel aufdrückt.

Liegt es bei den organisatorischen Wandlungen, die sich auf die Marktstellung der Unternehmungen beziehen, wesentlich anders? Sicherlich, soweit die Ziele der Marktunabhängigkeit und der Marktbeherrschung tatsächlich erreicht, nicht nur erstrebt werden oder doch als erreichbar gelten müssen; was jedoch nur selten und nur unter ganz bestimmten, keineswegs allgemein gegebenen Voraussetzungen der Fall ist. Es ist ja nicht wahr, daß unser neuzeitliches Wirtschaftsleben als Ganzes oder daß auch nur die maschinell bestimmten Industriezweige durchweg vom Zug zur Konzentration, zur Konzern- und Kartellbildung beherrscht werden. Gewiß macht sich diese Kraft allenthalben geltend, weil die Technik auf Betriebs- und Werksvergrößerung drängt, und weil die hierin liegende Betonung der stehenden Anlagen mit dem ewigen Schwanken der Weltmarktpreise in Widerspruch steht. Aber wie selten kann sie sich gegen die Gegenkräfte durchsetzen!

Es ist durchaus charakteristisch, daß nach der Betriebszählung von 1925 von den rund 10 Millionen Erwerbstätigen der Industrie (ohne Handel und Verkehr) nur 4 im Dienst von Aktiengesellschaften und bergbaulichen Gewerkschaften, dagegen ebenfalls 4 im Dienst von offenen Handelsgesellschaften und G. m. b. H. und immerhin noch 2 Millionen in dem von Einzelunternehmern gestanden haben; und dies, obwohl zu den Formen jener kapitalbetonten Gesellschaften gerade solche Industriezweige gegriffen haben, in denen noch immer

— wie im Bergbau und der Schwereisen-Industrie — große Mengen ungelernter oder nur leicht angelernter Arbeitskräfte beschäftigt werden, die also im Verhältnis zur Leistung der Werkzeugmaschinen mit besonders großen Personenziffern in den statistischen Vergleich eintreten. Von den 3,6 Millionen Betriebsstätten (technischen Einheiten), die für Gewerbe, Handel und Verkehr damals gezählt wurden, entfielen noch immer 3,2 allein auf die Kleinstbetriebe handwerklicher Natur (von je höchstens 5 Beschäftigten) und weitere 300 000 auf die kleinen Fabrikbetriebe von je 6 bis 50 Personen; und es waren 4,5 Millionen Menschen dort und 4,7 Millionen hier bei einer Gesamtzahl von 17 Millionen beschäftigt, gegen 4,8 und 2,4 bei einer Gesamtzahl von 10 Millionen im Jahr 1895. Das ist gewiß keine Zunahme, die mit der der Mittel- und Großbetriebe sich messen kann, da jene (je 51 bis 200 Personen umfassend) von 1,4 auf 3,1 und diese (je mehr als 200 Beschäftigte zählend) sogar von 1,6 auf 4,1 Millionen Beschäftigte sich im letzten Menschenalter gehoben haben; aber in ihrer absoluten Größe doch eine Zunahme, die sehr deutlich die Lebensfähigkeit der kleinen und kleinsten Betriebe aufzeigt und deshalb die Meinung von der allgemeinen Vergrößerungsbewegung Lügen straft.

Höchst eindrucksvoll werden diese Angaben der amtlichen Statistik von den Zahlenreihen bestätigt, welche die Bank für Industrieobligationen jüngst veröffentlicht hat [1]). Deren Aufzeichnungen beziehen sich nur auf diejenigen Unternehmungen, welche für die Reparationslast der Industrie nach den Dawes-Gesetzen aufbringungspflichtig waren und demgemäß ein Betriebsvermögen von mindestens 20000 RM. aufweisen. Alle kleineren Betriebe — gleichgültig, ob sie nach der Betonung der Handarbeit noch unter den Begriff des Handwerks oder nach der dauernden Inganghaltung von Werkzeugmaschinen schon unter den der Fabrik fallen — werden also nicht erfaßt. Und dennoch machen im Jahre 1929 die „Kleinbetriebe“ (von weniger als 100000 RM. Betriebsvermögen) nicht weniger als 70% aller herangezogenen Betriebe aus, während die „Großbetriebe“ (von mehr als je

[1]) Bank für Deutsche Industrie-Obligationen, Zahlen aus Deutschlands Wirtschaft (Berlin, 1931).

5 Millionen RM. Betriebsvermögen) nur 8% stellen. Die durchschnittliche Höhe des Betriebsvermögens aller Beteiligten erreicht nur den Betrag von 340000 RM. Zahlreiche Gewerbezweige aber bleiben mit ihrem Durchschnitt noch weit unter diesen Summen: die Nahrungs- und Genußmittel-Industrie, die Bekleidungs-Industrie, die Industrie der Eisen- und Metallwaren. Sogar die Elektrizitäts-Industrie und der Maschinenbau bringen es nur auf durchschnittlich 600000 RM. Und auf mehr als 1 Million kommen nur der Bergbau (4,4), die kombinierten Werke der Stahlindustrie und die Chemische Industrie (je reichlich 1 Million RM.). Auf wirklich ragender Höhe stehen mit einem Durchschnittsvermögen von 37,7 Millionen RM. allein die mit dem Bergbau verbundenen Kombinate. Von einem Überwiegen der Großunternehmungen als dem allgemein gültigen Kennzeichen der deutschen Industrie kann also sicherlich nicht gesprochen werden, zumal in diesen Aufzeichnungen die statistische Einheit auf die besitzmäßige Zusammengehörigkeit und nicht auf die Produktionsstätten abgestellt ist.

Ganz klar tritt vollends das Beschränkte des Geltungsbereichs dieser Tendenz in dem Aufbau der Aktiengesellschaften hervor. Denn von den 189 Unternehmungen dieser Rechtsform, die am 31. Dezember 1930 je mehr als 20 Millionen Reichsmark nominellen Aktienkapitals und zusammen die Hälfte des Aktienkapitals aller Aktiengesellschaften (12,5 von 24,2 Milliarden Reichsmark) aufwiesen, entfielen nicht weniger als 130 (rund $^2/_3$) mit 10,4 Milliarden Reichsmark (rund $^5/_6$) allein auf vier Wirtschaftszweige — auf Bergbau und Metallindustrie mit 67 Gesellschaften und 5,7 Milliarden Reichsmark, auf elektrotechnische Industrie und Elektrizitätsverteilung mit 32 Gesellschaften und 2 Milliarden, auf chemische Industrie mit 12 und 1,6 Milliarden, auf Banken mit 19 und 1,2 Milliarden. Und nur hier wird auch das Aktienkapital ständig vergrößert, während ganze Gruppen der Feinverarbeitung nicht annähernd in jene Größenklasse der Aktiengesellschaften hineinragen.

Auch dieses Bild wird von der Statistik der Bank für Industrie-Obligationen durchaus bestätigt. Allerdings stellen unter den aufbringungspflichtigen Unternehmungen (von je mindestens 20000 RM. Betriebsvermögen) die Aktiengesellschaften etwas mehr als die Hälfte (51,1%) des erfaßten Gesamtvermögens, die Personalbetriebe nur ein reichliches Viertel (28,6%) und die Zwischengruppe der G. m. b. H. knapp ein Achtel (11,7%). Indeß schon die geringe Zahl der Aktiengesellschaften (5807 einschl. der Kommanditgesellschaften a. A. und der bergrechtlichen Gewerkschaften, gegenüber 9890 G. m. b. H. und 72227 Personalunternehmungen) läßt erkennen, daß es sich nur um einige wenige Industriezweige handeln kann, die mit dem Schwergewicht ihrer Kapitalziffern jene Anteilszahl so hoch gehoben haben, daß wir es also nicht mit einer Allgemein-Erscheinung zu tun haben. Und die Aufteilung der Ziffern zeigt in der Tat, daß ausschließlich der Bergbau mit seinen Kombinationen und die sogen. Versorgungsbetriebe, soweit sie sich in privater Hand befinden, durch die Rechtsform der Aktiengesellschaft schlechthin beherrscht werden. Darüber hinaus hat diese noch ausschlaggebende Bedeutung in der Elektrotechnischen, der Chemischen, der Kautschuk-, der Eisen- und Metallhütten-Industrie und im Maschinenbau mit je 60—75% des für den ganzen Wirtschaftszweig festgestellten Betriebsvermögens. Alle übrigen Wirtschaftsgruppen (darunter die Textilindustrie mit allen ihren Zweigen, die eisenverarbeitende Industrie, das Bekleidungsgewerbe usw.) lassen der Aktiengesellschaft nicht einmal die Hälfte des Branchevermögens; und das bedeutet, da die wirklich kleinen Betriebe nicht mit erfaßt sind, daß der Anteil der Aktiengesellschaften in Wirklichkeit nicht annähernd die Hälfte der industriellen Kapitalkraft beträgt.

Auch die G. m. b. H., die ja nach dem gesetzlichen Mindestkapital so gut wie sämtlich unter die Aufbringungspflicht gefallen sind, haben den Anteil der auf Haftungsminderung und damit Vermögenssicherung gestellten Unternehmungen nicht so wesentlich beeinflußt, daß von deren Herrschaft schon gesprochen werden kann. Bezeichnend ist vielmehr, daß es noch große Industriezweige gibt, — wie die Textilindustrie, das Bekleidungsgewerbe, die Nahrungs- und Genußmittelindustrie, das Baugewerbe — in denen die reinen Personalunternehmungen mehr als die Hälfte des Branchevermögens aufbringen; darunter die Textilindustrie mit 3,7 Milliarden

RM. Gesamtvermögen und die Nahrungs- und Genußmittel-Industrie mit 4 Milliarden so bedeutsam, daß sie nur vom Bergbau und den Bergbau-Kombinationen (mit zusammen 4,5 Milliarden) übertroffen werden, die Chemische Industrie und den Maschinenbau dagegen (mit je 2,9 Milliarden) beträchtlich hinter sich zurück lassen. Im ganzen hat die Bank für Industrie-Obligationen das Kapital derjenigen Industriezweige, in denen die Personalunternehmungen die Mehrheit aufbringen, auf 14 Milliarden oder 44% des aufbringungspflichtigen Gesamtkapitals veranschlagt — gegen 13 Milliarden oder 40%, die sich für die aktienbetonten Wirtschaftszweige ergeben. Kein Zweifel, daß die Kapitalkraft der kleinen, nicht berücksichtigten Betriebe jenen Anteil der personalbetonten Zweige wohl der Hälfte des gesamten Industriekapitals nahebringt, wenn nicht sogar darüber hinaus trägt.

Dies Ergebnis ist um so wichtiger, als im Jahre 1929 jene Periode schon abgeschlossen war, in welcher gerade den großen deutschen Aktienunternehmungen vom Ausland her Kapitalien zuflossen — aus einer Quelle also, die für die kleineren Werke und die von ihnen beherrschten Wirtschaftszweige so gut wie gar nicht sprudeln wollte. Jene hatten also die Lücken großenteils ausfüllen können, die in ihr Betriebsvermögen der Krieg und die Inflation, nicht zuletzt die unmittelbaren und mittelbaren Reparationsleistungen gerissen hatten; zum Teil sogar auf Kosten der kleineren Unternehmungen, die ihre Steuerleistungen in nicht unbeträchtlichem Ausmaß aus ihrer Kapitalsubstanz bewirken mußten und daraus dem Reparationsagenten die Markbeträge zuführten, mit denen dieser über die Reichsbank von den deutschen Nehmern der Auslandskapitalien die Devisen erstand. Die gewaltigen Schwierigkeiten, die sich dann aus der Verzinsungs- und Tilgungspflicht für die Großunternehmungen ergeben sollten, sind erst später zur Wirkung gelangt. Und gleichgültig, ob sie zwischen den beiden Gruppen der auslandskreditfähigen und der nicht dazu fähigen Wirtschaftszweige in der Kapitalseite einen merklichen Ausgleich herbeigeführt haben oder noch herbeiführen werden — aus den Ziffern gerade des Jahres 1929 ist jedenfalls deutlich abzulesen, daß selbst bei ausgeprägt ungünstigen Kapitalmarkt-Verhältnissen diejenigen Wirtschaftszweige, denen die kleineren Unternehmungen das Gepräge geben, in der Betonung der streng persönlichen Leitung ein Element starker Lebenskraft besitzen, und daß sie diesen Charakter in großem Umfang sich erhalten haben.

So tritt denn aus allem der gleiche Zug hervor: Es gibt Wirtschaftszweige, in denen die Technik der Massenleistungen zu schlechthin überragendem Einfluß hat gelangen können und alle jene Widerstände besiegt, wie sie aus der Betonung der Leistungsqualität und aus den persönlich-irrationalen Untergründen der Wirtschaft hervorgehen. Daneben stehen jedoch mit ungebrochener Lebensfähigkeit, in größerer Fülle und auf wesentlich breiterer Basis als jene, die anderen Wirtschaftszweige, in denen es viel zu stark auf die individuelle Leistung aller beschäftigten Personen (Arbeiter, Angestellte, Unternehmer) und auf die Anpassung an die wechselnde Aufnahmefähigkeit des Marktes ankommt, als daß die Massentechnik sich als entscheidendes Organisationselement durchsetzen könnte und nicht dem Selbständigkeitswillen technisch oder kaufmännisch, aber nicht organisatorisch eingestellter Unternehmer-Persönlichkeiten den Vorrang lassen müßte. Und in all diesen Wirtschaftszweigen kann der einzelne Unternehmer nicht im leisesten an Marktunabhängigkeit oder Marktbeherrschung denken.

Sogar bei den kombinierten Unternehmungen und Konzernen erreicht die Ausschaltung der Weltmarkteinflüsse so leicht nicht einen solchen Grad, daß nicht der Wettbewerb und die Marktschwankungen dennoch in ihr Getriebe noch immer maßgeblich hineinwirkten. Für die Vertikalkombinationen ergibt sich aus der Verschiedenheit der Technik, die in den verschiedenen Stufen der Fabrikation anzuwenden ist, und erst recht aus den unabänderlichen Naturgegebenheiten der bergbaulich zu gewinnenden Rohstoffe in aller Regel die Unmöglichkeit, die aneinander anschließenden Betriebe in Quantität und Qualität völlig aufeinander abzustimmen. Das bedeutet, daß fast immer ein Teil der Vorprodukte nicht in eigenen Verarbeitungswerken zu verwerten ist, sondern marktmäßig verkauft werden muß, und daß oft genug, weil die eigene Herstellung der etwa erforderlichen nur geringen Mengen nicht lohnt, die Betriebe der höheren Fabrikationsstufen einen Teil ihrer Verarbeitungsstoffe und das Ganze der Betriebsstoffe marktmäßig kaufen müssen. Es kann sogar bei schlechtem Konjunkturengange des freien Marktes dahin kommen, daß des niedrigen Preises wegen das Einkaufen vorteilhafter wird, als die Eigenherstellung der Vorstufenprodukte, deren Kosten ja vom Konjunkturengange nicht berührt werden; und dann ist es vollends für die Gesamtleitung eine schwierige Aufgabe, beim Verkauf der letzten Fabrikate sich der Marktlage, wie sie von den reinen Werken dieser obersten Stufe bestimmt wird, mit der erforderlichen Schnelligkeit anzupassen. Und schließlich ist gerade der Weltmarkt der Fertigfabrikate, wennschon nicht so beweglich wie der der Rohstoffe und der Massen-Halbfabrikate, so doch keineswegs starr und leicht regulierbar; auch er muß dauernd beobachtet werden, damit die Fabrikation auf die je vorteilhaftesten Absatzobjekte konzentriert und für die verlustdrohenden Waren eingeschränkt werde, und wiederum hat die Gesamtleitung dafür zu sorgen, daß die vom Markte erzwungenen Änderungen des Produktionsprogramms von den obersten Stufen bis hinunter in die Anfangsstadien der Gesamtarbeit sich prompt auswirken. Ein starker Rest von Marktabhängigkeit bleibt also immer bestehen, wenn sich nicht die Marktbeherrschung erreichen läßt.

Diese Marktbeherrschung ist indes allein aus der Organisation der Unternehmungen auch nicht herbeizuführen. Mag sie auf dem Wege der Horizontalkombination oder dem der Kartellbildung angesteuert werden, zu erreichen ist sie nur, wenn die Zusammenfassung sich auf ein besonderes Monopolelement zu stützen vermag, auf eine technische Erfindung also von grundlegender Bedeutung oder auf den Besitz unentbehrlichen und nicht vermehrbaren Bodens. Schon der Bergbauboden muß aber in wirtschaftlicher Betrachtung als vermehrbar gelten; denn er greift in die Tiefe der Erdrinde hinein und enthält noch mannigfache Vorkommen, nach denen der Mensch alsbald systematisch zu suchen beginnt und die er zu finden pflegt, wenn ein Scheinmonopol seine Marktmacht überspannt und überdurchschnittliche Gewinne seinen Inhabern abwirft. Erst recht liegt im Kapital, das ja dauernd neu gebildet wird und dann nach neuer Verwendung strebt, kein Monopolelement; wo regelmäßiger Gewinn in Aussicht steht, da strömt es herzu, finanziert neue Anlagen und Unternehmungen selbst höchster Größenordnung und bringt als stets gefürchteter „Außenseiter" den straffsten Syndikaten und Konzernen zum Bewußtsein, daß sie in ihrer Marktpolitik mit dieser Gefahr stets rechnen müssen, also nicht beherrschende Monopolisten sind. Sogar mit den Erfindungen ist es eine eigene Sache, seitdem die Technik aus der Empirie in die Sphäre wissenschaftlicher Erkenntnis gehoben worden ist; man sucht nach Ersatzstoffen und Ersatzgebilden, und manches technische Monopol ist dem erfolgreichen Suchen wirtschaftlich zum Opfer gefallen — man denke an die Eisenbahnen, die überall in der Welt, wo sie dank ihrer Verdichtung von der Bodenbeherrschung her ein unanfechtbares Monopol zu besitzen glauben durften, sich jetzt vom Kraftwagen das Feld ihrer Tätigkeit und ihre Erträge in recht gefährlichem Umfang einengen lassen müssen. Und schließlich sind gerade infolge der interlokalen und internationalen Produktions- und Fabrikationsausweitung für die weitaus meisten Objekte des Weltmarkts die Gestehungs- und Absatzbedingungen viel zu unterschiedlich, als daß sie auf einen einheitlichen Nenner als Grundlage einer weltumspannenden Zusammenfassung zu bringen wären; ist es doch nicht einmal im „Land der Kartelle", in Deutschland, bei freier Rechtsgestaltung gelungen, alle Kohlengebiete zu einem einheitlichen Syndikat zusammenzuschließen, und muß doch das Mustersyndikat der Welt, das Rheinisch-Westfälische Kohlensyndikat, für etwa die Hälfte seines Absatzes im sogen. bestrittenen Gebiet mit den anderen Revieren Deutschlands und mit den ausländischen Produzenten voll marktmäßig um die Mengen und den Preis kämpfen.

So ist ist es zu verstehen, daß gerade auch in Deutschland die Zahl der Syndikate noch immer sehr gering ist, und daß sogar die lose gefügten Kartelle, die von einer Marktbeherrschung weit entfernt sind, es keineswegs zu einer besonders hohen Ziffer gebracht haben. Mag man sie alle mit einer amtlichen Schätzung auf etwa 3000 oder auch noch höher annehmen, — was besagt das gegenüber der unendlich viel größeren Zahl von Waren, die Tag für Tag auf den Markt kommen? Und so nur darf der Vergleich gestellt werden, da diejenigen

Kartelle, die mehr als ein einziges Objekt umfassen, außerordentlich selten sind. Es hat fast ein Jahrzehnt gedauert, bis wenigstens Rohkohle, Koks und Briketts im Rheinisch-Westfälischen Kohlensyndikat zusammengefaßt werden konnten, und für alle die vielen Produkte, die sonst noch in einer neuzeitlichen Zechenunternehmung hergestellt zu werden pflegen, bestehen noch heute je die besonderen Syndikate und loseren Kartelle; genau wie etwa in der chemischen Industrie nicht etwa für jede Farbengruppe, sondern beinahe für jede Farbe eine besondere Vereinbarung hat getroffen werden müssen. Jener Ziffer von 3000 Kartellen stehen also die rund 7000 Fertigerzeugnisse allein der pharmazeutischen Industrie, die 25000 Artikel der Solinger Stahlwaren-Herstellung und die mindestens ebenso vielen Objekte der sonstigen Kleineisen-Industrie, der Feinkeramik, der Seifen- und Parfümerie-Industrie, die 5000 alljährlich neu gestalteten Muster der Lederwaren-Industrie, die mehr als 1000 verschiedenen Typen von Weckeruhren usw. usw. gegenüber, die von der großen deutschen Wirtschafts-Untersuchung festgestellt worden sind [1]). Der internationalen Zusammenfassungen aber, die den Weltmarkt beherrschen, gibt es erst recht nur ganz wenige; es ist bezeichnend, daß das straffste Kartell dieser Art, das der Glühlampen, auf die Lizenzen der deutschen Erfinderwerke und damit auf ein technisches Monopol sich stützt, während man sonst fast durchweg — wie etwa in der Internationalen Rohstahl Gemeinschaft — sich mit ganz losen Bindungen begnügen muß, die den verbundenen Werken ihre Marktselbständigkeit in allem Wesentlichen belassen.

Wie wenig diese ganze Entwicklung den Führern der Wirtschaft einen beamtenmäßigen, vom Weltmarkt abgewendeten Charakter aufgedrückt hat, zeigt vielleicht am deutlichsten der höchst merkwürdige Zug, daß gerade bei denjenigen Werken, die sich für den Absatz ihrer ursprünglichen Hauptprodukte schon längst straffe Einheitsorganisationen geschaffen haben, am stärksten sich das Bestreben geltend macht, ihre Arbeit in Sphären hinüberzulenken, die sich dem Zusammenschluß noch entziehen. So dürfte es in der Stein-

[1]) Schlußbericht des Enquete-Ausschusses, S. 115.

kohlen-Stahl-Industrie des Ruhrgebiets, die wohl die straffsten Zusammenfassungen der Welt aufweist und deren einzelne Werke je mehreren Dutzenden von Kartellen angehören, doch keine einzige Unternehmung geben, die nicht an irgend einer wichtigen Stelle ihrer Gesamtarbeit kartellfrei ist und dann gerade diese Betriebe zunehmend betont. Das Gleiche gilt von der Industrie der Massenchemikalien, obwohl diese in der IG-Farbenindustrie A.-G. einen besonders wuchtigen Mittelpunkt erhalten hat; einen Mittelpunkt jedoch, der sich seine Bewegungsfreiheit in sehr erheblichem Grade selbst bewahrt hat, dem gegenüber aber auch die große Zahl der kleineren Unternehmungen selbständig geblieben ist. Nicht anders liegt es in der elektrotechnischen Industrie, in der sich trotz aller hin- und hergehender Einzelbindungen noch heute die Siemens-Gruppe sehr deutlich der Art nach vom Konzern der AEG abhebt. Und schließlich ist dasselbe vom Ausland zu sagen, wo etwa der Nordamerikanische Stahltrust zwar der ganzen Stahlindustrie seines Landes einen festen Halt gibt, neben sich jedoch in ständig zunehmendem Ausmaß selbständige Unternehmungen hat emporkommen lassen müssen, die auch auf dem Markt ihre eigenen Wege gehen.

Es scheint also, daß trotz aller Betonung der maschinellen Technik und der sonstigen festen Anlagen und trotz des Interesses, das hieraus auf eine feste Regelung der Marktbeziehungen drängt, das unternehmerhafte Wagen seinen Reiz nicht verloren hat; jenes Wagen also, das zu immer neuen und zu immer raschen Entschlüssen zwingt und damit weitab von der notwendigen Eigenart beamtenmäßigen Vorgehens liegt. Die Betonung der Konsumentenseite, so gewiß sie auch in der Unternehmerschaft um sich greift, bringt nicht in das Wesen des Unternehmertums entscheidende Wandlungen hinein, läßt hier dem Produzentenstandpunkt sein Übergewicht.

III.

Der kapitalistische Einschlag in der öffentlichen Verwaltung.

Wie schon die Weltmarkt-Wirtschaft dank den ihr innewohnenden Kräften an der Peripherie ihres eigenen Getriebes etwas von beamtenmäßigen Zügen hat hervortreten lassen, so ist sie umgekehrt mit ihren produktionswirtschaftlichen Eigenheiten auch in das Beamtentum eingedrungen. Und wiederum ist es der Kapitalismus selbst, der sich in diesem Ergebnis auswirkt und demgemäß international, wenngleich dem Grad und der Form nach verschieden, so doch im Wesen gleichartig sich bemerkbar macht. Die Organe der öffentlichrechtlichen Zwangskörperschaften sind allenthalben in das Wirtschaftsleben eingeschaltet worden, weil einzelne seiner Zweige für die politische und soziale Gesamtgestaltung der Staaten und Kommunen grundlegende Bedeutung bekommen haben, also nicht allein unter privatwirtschaftlichen Gesichtspunkten behandelt werden dürfen. Besonders charakteristisch ist hieran, daß sich diese Notwendigkeit schon sehr früh, fast unmittelbar mit der Entfaltung des Kapitalismus zum beherrschenden System, geltend gemacht hat.

1. Die **Kontrollen der privaten Freibeweglichkeit,** wie sie im 19. Jahrhundert mit der Gewerbefreiheit nach innen und mit dem Freihandel nach außen das alte Gängelungssystem merkantilistischer Staatsführung abgelöst hat, bezogen sich allerdings in den ersten Jahrzehnten des neuen Systems überwiegend auf die Sicherung von Leben und Gesundheit der Bevölkerung, trugen also einen ausgeprägt polizeilichen Charakter und wurden insoweit auch nicht als ein Widerspruch zur Freibeweglichkeit empfunden. Daneben machen sich jedoch von Anfang an rein wirtschaftliche Zielsetzungen im staatlichen

Verhalten geltend; und diese treten um so mehr hervor, je mehr die freie Wirtschaft unter Betonung des privaten Gewinnzieles ihre Kräfte entfaltet.

a) Die Grundlinien der staatlichen Einflußnahme kommen schon darin zu bezeichnendem Ausdruck, daß man in der ersten Hälfte des 19. Jahrhunderts zwar — nach dem Vorgang des preußischen Zollgesetzes von 1818 — ziemlich allgemein in Europa die verwaltungsmäßig willkürliche und ewig wechselnde Festsetzung der Grenzzölle ebenso wie die rein verwaltungsmäßige Handhabung von Ein- und Ausfuhrverboten ablehnt, daß man aber an ihre Stelle lediglich eine gesetzliche Regelung der Zollfragen und nicht etwa die volle Zollfreiheit gesetzt hat; nichts anderes hat ursprünglich die Bezeichnung Freihandel bedeutet. Nur in den Vereinigten Staaten von Amerika sind die ersten Eisenbahnen ohne staatliche Hilfe und demgemäß ohne Vorbehalt staatlicher Kontrollrechte errichtet worden; in England dagegen schließen die ersten Konzessionen der Schienenwege wörtlich an die Kanalgesetzgebung des 18. Jahrhunderts an, und schon im Jahr 1844 wird ein allgemeines Gesetz erlassen, das dem Staate ein Rückkaufsrecht gewährt und die Tarifbildung an bestimmte, vom Staat zu kontrollierende Bindungen knüpft, und ebenso nutzt das preußische Eisenbahngesetz von 1838 die Unentbehrlichkeit des staatlich zu verleihenden Enteignungsrechtes dazu aus, den privaten Eisenbahngesellschaften tief einschneidende und ihre wirtschaftliche Bewegungsfreiheit einengende Bedingungen aufzuerlegen. Industrielle Werke werden zwar von den führenden Staaten um die Mitte des vorigen Jahrhunderts nur noch ausnahmsweise durch Gewährung staatlicher Zuschüsse unterstützt und dann auch in ihrer wirtschaftlichen Gebarung kontrolliert; die wichtigeren Schiffahrtslinien-Unternehmungen jedoch genießen, wie bei ihrem Entstehen, so noch während langer Jahrzehnte fast überall (namentlich auch in England) besondere Subventionen und haben dafür wenigstens teilweise besondere wirtschaftliche Leistungen zu vollbringen. Von nachhaltigster Bedeutung war es, das im Jahr 1846 Preußen seine staatliche Notenbank zwar auf privaten Besitz der Aktien umstellte, die Bedingungen der Notenausgabe jedoch fest formulierte und deren Innehaltung durch eine staatlich bleibende Verwaltungsspitze sicherte, wie auch England seine rein private Notenbank an besondere Bindungen um jene Zeit (1844) band. Von absoluter Bewegungsfreiheit der privat-kapitalistischen Wirtschaft kann also in den alten Kulturstaaten nicht gesprochen werden, und auch in den Vereinigten Staaten haben viele der Einzelstaaten wenigstens in die Notenbank — und in die Eisenbahngebarung schon früh (der Staat New York z. B. in den Jahren 1838 und 1858) recht tief eingegriffen.

Die zweite Hälfte des 19. Jahrhunderts bringt dann allerdings für Industrie und Bankentum und auch für die Dampfschiffahrt zunächst die Beseitigung der letzten, einigermaßen wichtigen Schranken privater Gestaltungskraft; in Deutschland zumal wird der Bergbau vom sogen. Direktionsprinzip und die Errichtung der Aktiengesellschaften vom Zwange der Einzelkonzession befreit. Für den Außenhandel gilt die Freibeweglichkeit als so selbstverständlich, daß das Wort Freihandel einen anderen Sinn bekommt und nicht mehr im Gegensatz zur alten Gängelungspolitik als Ausdruck jener Freibeweglichkeit, sondern im Gegensatz zum Schutzzoll als Ausdruck der Zollfreiheit benutzt wird; die langfristigen Handelsverträge, die im letzten Jahrzehnt des Jahrhunderts unter Deutschlands Führung abgeschlossen werden, betonen vollends den Grundsatz, der privaten Initiative die festberechenbare Unterlage vertraglich gesicherter Zolltarife für weitausschauendes Vorgehen zu gewähren. Auch die endgültige Festlegung der Gewerbefreiheit und der Freizügigkeit zeigt deutlich, daß die Staaten sich grundsätzlich aus der Einzelregelung der wirtschaftlichen Verhältnisse und Beziehungen heraushalten wollen.

Andererseits verschärft aber England die staatliche Aufsicht gegenüber den Eisenbahnen (1873 und 1888), und auch in den Vereinigten Staaten kommt es (1887) zur Errichtung einer besonderen Bundesbehörde, die gerade das wirtschaftliche Verhalten der Eisenbahngesellschaften kontrollieren soll. Die Vereinigten Staaten bekommen ferner ein einheitliches Notenbankrecht (1864), das die neugeschaffenen Nationalbanken unter besonders scharfe Sicherungsbestimmungen und demgemäß unter eine scharfe Kontrolle der Bundesbehörde stellt, und ein Antitrustgesetz (1890), das sich den privaten Zusammenballungen der Industrie und Schiffahrt entgegenstemmt und sie unter die gerichtliche Nachprüfung ihrer wirtschaftlichen Zulässigkeit stellt. Frankreich baut mit starker staatlicher Hilfe (von 1880 an) sein Kanalnetz aus und führt ein Schleppmonopol der öffentlichen Hand ein, um so wenigstens indirekt einen Einfluß auf die Tarifgestaltung der privaten Eisenbahngesellschaften ausüben zu können. Deutschland regelt (1875) das Recht der Notenausgabe für das ganze Reich einheitlich und verschärft ganz wesentlich die Bedingungen, unter denen überhaupt noch Noten ausgegeben werden dürfen; die Eisenbahnen aber werden von den Einzelstaaten (von 1875 ab) fast vollständig in Besitz und in Betrieb genommen. Von besonderer Bedeutung ist, daß überall die Kommunen ihr Straßeneigentum dazu benutzen, den privaten Gas- und Wasserwerken ebenso wie den Straßenbahnen gegenüber sich das Recht einer Tarifkontrolle und oft genug den Anspruch auf einen Gewinnanteil zu sichern. Allenthalben also stoßen wir trotz wesentlich schärferer Betonung der privaten Freibeweglichkeit doch auch wieder auf Durchbrechungen dieses Grundsatzes, wo es sich um die Fundamente des ganzen wirtschaftlichen und sozialen Seins handelt.

Im neuen Jahrhundert, das in den älteren Staaten kaum noch nennenswerte Erweiterungen der privatwirtschaftlichen Bewegungsfreiheit bringen kann, treten diesem Umstand gemäß die Einschränkungen schärfer hervor. So betonen namentlich die Kommunen überall in der Welt mit erheblich stärkerem Nachdruck als früher gegenüber den privaten Lieferern der Lebensnotwendigkeiten, (Gas, Wasser, Elektrizität und Straßenbahnen) das soziale Interesse ihrer Bevölkerungsmassen, und es wird im angelsächsischen Bereich, namentlich in den Vereinigten Staaten von Amerika, für alle diese Betriebe der zusammenfassende Ausdruck public utilities üblich. Der nordamerikanische Bund steigert in mehreren Gesetzen die Befugnisse des Bundesverkehrsamts so stark, daß von freier Tarifpolitik der privaten Bahnen kaum noch zu sprechen ist; und ebenso zieht er in der Kontrolle der Kartelle und Konzerne durch die Schaffung und Straffung einer besonderen Aufsichtsbehörde (des Buro of Corporations, 1904, zur Federal Trade Commission, 1914) die Zügel scharf an und bringt auch sein Notenbanksystem zu einheitlicher Durchbildung, indem er die neugeschaffenen Federal Reserve Banks unter die Gesamtleitung des zwar privaten, aber an bestimmte Richtlinien gebundenen Federal Reserve Board stellt (1913). Einige Staaten Südamerikas folgen in ihrer ganzen Wirtschaftspolitik diesem Beispiel; was um so bemerkenswerter ist, als dort die Schienenwege und die zur Zusammenfassung besonders geeignete Großindustrie sich überwiegend im Besitz ausländischer, nicht zuletzt englischer Kapitalgesellschaften befinden. Von besonderer Bedeutung ist schließlich, daß Deutschland den Grundsatz der Bergbaufreiheit (in der lex Gamp von 1906) wieder ganz fallen läßt und für seine Kaligewinnung sogar (1910) ein Zwangssyndikat schafft; beides zu dem ausgesprochenen Zweck, der sonst drohenden und zum Teil schon eingetretenen Kapitalverschleuderung entgegenzuarbeiten — mithin aus rein wirtschaftlichen, nicht irgendwie polizeilichen Gründen.

So ist bei Ausbruch des großen Krieges das Prinzip der privaten Freibeweglichkeit bereits an recht zahlreichen und wichtigen Stellen durchlöchert, und der Krieg selbst, der ja kaum einen einzigen Wirtschaftszweig unberührt lassen konnte, hat dann in allen kriegführenden und in den meisten neutralen Staaten eine zentrale Produktions- und Verteilungsleitung herbeigezwungen, da der privaten Wirtschaftsführung ihre tragende Stütze, der freie Weltmarkt, jäh entrissen worden war. Mit der Beseitigung dieser Kriegswirtschaft, die in Deutschland völlig den Charakter der mittelalterlichen Nachbarschafts-Wirtschaft trug, und namentlich mit der Aufhebung fast aller Ein- und Ausfuhrverbote ist dann zwar die Weltmarkts-Wirtschaft wieder hergestellt worden; Zölle, mögen sie noch so hoch sein, legen ja immer nur Spesen auf den freien Handel, heben ihn nicht auf. Aber ein gewaltiger Kapitalmangel ist dank der Vernichtung und dem Unbrauchbarwerden zahlloser Produktionsmittel und dank dem jahrelangen Ausfall ihrer Neuschaffung aus dem Krieg und den Inflationsjahren übrig geblieben; und die noch vorhandenen Kapitalkräfte verteilen sich auf die verschiedenen Erdgebiete und ihre Bewohner wesentlich anders wie vorher, während in der Bevölkerung der Erde selbst keine nennenswerten Verschiebungen eingetreten sind. Und die Folge ist nicht ausgeblieben: in vielen Ländern und auf mannigfachen Sachgebieten haben die öffentlichen Verwaltungen bei der Auflösung der Kriegs- und der Übergangswirtschaft sich weitgehende Eingriffsrechte gegenüber der privaten Wirtschaft vorbehalten müssen und auch tatsächlich ausgeübt. Als grundsätzlich bedeutsamste Erscheinung dürfen wohl jene Maßnahmen bezeichnet werden, die man in England und in den Vereinigten Staaten von Amerika von Staats wegen getroffen hat, um die volkswirtschaftlich teuere Zersplitterung der Eisenbahnen zu beseitigen und gleichzeitig den zwangsweise gebildeten Großkonzernen das Recht der freien Tarifgestaltung zu nehmen. In Deutschland bewegt sich die Errichtung der sogen. Selbstverwaltungskörper und der Zwangssyndikate für den Kohlen- und den Kalibergbau in derselben Linie; nur hat man die letzte Preisfestsetzung hier nicht einer richterlich unabhängigen Behörde, sondern einem politisch bestimmten Ministerium in die Hand gelegt. Auch die Lohnhöhe entspringt in vielen Staaten, so in Deutschland und wenigstens teilweise in England, nicht mehr dem freien Reiben der Interessentengruppen; sie wird vielmehr unter Aufhebung der privaten Verantwortlichkeiten von staatlichen Schlichtern und ähnlichen Organen autoritativ festgesetzt. Schließlich gehört auch die eigentümliche Art, wie heute in Deutschland die Getreidewirtschaft geführt wird, in diese Reihe hinein.

So sind also die Eingriffsmöglichkeiten, die den öffentlichen Gewalten jetzt gegenüber der privaten Wirtschaftsführung zustehen, in den alten und neuen Kulturstaaten schließlich wieder recht zahlreich und bedeutsam geworden; und Regelungen gar, wie sie in Deutschland der Arbeitsmarkt und der Getreidemarkt gefunden haben, lassen sich überhaupt nicht mehr mit dem Grundelement der kapitalistischen Wirtschaftsweise, mit der Herrschaft des Weltmarkts und seiner Preisbildung in Einklang bringen.

b) Nicht zuletzt jedoch die Schwierigkeit, auf diesen beiden Sachgebieten das Ziel der staatlichen Einwirkung ohne Schädigung der Gesamtwirtschaft zu erreichen, die Preise also (nach derArt der merkantilistischen Nachbarschafts-Wirtschaft) nach den Produktionskosten auszurichten und nicht umgekehrt die Marktpreise für die Höhe der noch aufzuwendenden Kosten maßgeblich sein zu lassen, — diese Schwierigkeit zeigt deutlich, daß es sich hier um Ausnahme-Erscheinungen handelt, die im Widerspruch zu dem herrschenden Wirtschaftssystem stehen und deshalb in dessen anderen Teilen immer wieder schwere Störungen hervorrufen. Im Gesamtergebnis ist es beim Kapitalismus als der Weltmarkt-Wirtschaft offensichtlich geblieben.

Wie wenig die Rechtsbefugnis der staatlichen Mitwirkung den Inhalt des neuzeitlichen Wirtschaftens verändert oder auch nur in seinen Grundlinien umgebogen hat, läßt die deutsche Kohlenwirtschaft eindeutig erkennen. Nach dem Gesetz von 1919 ist das Reichswirtschaftsministerium mit sehr weitgehenden Vollmachten und Verpflichtungen wirtschaftlicher Natur ausgestattet; namentlich liegt es ihm ob, die Kohlenpreise endgültig festzustellen und den Bestand der örtlichen Syndikate durch zwangsmäßige Aufstellung der Satzungen und zwangsmäßigen Beischluß der etwa widerstrebenden Werke zu sichern. Selbstverständlich hat sich die Behörde auch der Erfüllung dieser Vorschriften formell niemals entzogen. Aber wie sah dieses Wirken in der Tatsächlichkeit aus? In die Satzungsschwierigkeiten des wichtigsten dieser Syndikate, des Rheinisch-Westfälischen Kohlensyndikats, und namentlich in die komplizierte Umlagefrage hat das Ministerium niemals mit eigenen Anordnungen eingegriffen; es hat vielmehr stets, ohne sich in eine sachliche Prüfung der Gegensätze einzulassen oder gar die allgemeinen Interessen in einer von ihm aufgestellten Satzung zu entscheidender Geltung zu bringen, einfach den von einer Mehrheit angenommenen Satzungsentwurf den widerstrebenden Zechen aufgezwungen und demgemäß sachlich das eine Mal so, das andere Mal anders entschieden, und es hat sich jetzt schließlich damit geholfen, daß es sich die Pflicht des Zusammenschließens wieder hat abnehmen lassen. Der materiellen Preisfestsetzung aber ist es zuletzt in der Weise aus dem Wege gegangen, daß es die Syndikatsleitung ermächtigt hat, für die Gesamtmenge ihres Kohlenabsatzes eine durchschnittliche Preiserhöhung eintreten zu lassen, die tatsächliche Preiserhöhung für die verschiedenen Kohlensorten und Absatzrichtungen jedoch selbständig zu bestimmen; dabei wußte das Ministerium, daß nur für eine knappe Hälfte der Gesamtmenge, nämlich nicht einmal für das Ganze des unbestrittenen Absatzes, sich eine Preiserhöhung überhaupt auf dem Markte werde durchsetzen lassen. Tatsächlich ist dann auch niemals jener Durchschnitt erreicht worden, weil die Marktlage für keine Kohlensorte eine entsprechend starke Preiserhöhung zuließ. Es blieb also der Markt durchaus der entscheidende Preisfaktor, er trat diese Rolle nicht an die Behörde ab. Und hätte das Ministerium wohl anders handeln können? Schwerlich; denn jede selbständige Handlung hätte ihm eine Verantwortung auferlegt, die es weder politisch noch auch nur wirtschaftlich übernehmen durfte.

An dem Fall des Ruhrkohlen-Syndikats tritt das Unmögliche einer autoritativen Wirtschaftsregelung im Rahmen der heutigen Wirtschaftsverfassung besonders deutlich zutage. Hätte nämlich das Reichswirtschaftsministerium eine Preisfestsetzung wirklich selbständig treffen wollen, so wäre ihm kein anderer Weg geblieben wie der der mittelalterlichen Preistaxen, d. h. über die Selbstkosten; und diesen hat es denn auch zu gehen versucht. Die Sachverständigenkommission jedoch, die unter dem Vorsitz des bekannten Selbstkostentheoretikers Schmalenbach die Verhältnisse des Ruhrbezirks untersucht hat, ist trotz einer sehr erheblichen und recht fragwürdigen Vereinfachung des Untersuchungsfeldes — sie hat völlig beiseite geschoben, daß die Kohle zu sehr großem Teil nicht um ihrer selbst willen, sondern als Vorstufe der sogen. Nebenprodukte gewonnen wird — zu einem derartig zwiespältigen Ergebnis gekommen, daß derselbe Preis, den die Mehrheit für verlustbringend erklärt, von einem anderen Mitglied als Grundlage reichlichen Gewinns errechnet wird. Wesentlicher ist noch, daß der Gewinn- ebenso wie der Verlust-Berechnung ein Ausmaß der Selbstkosten zugrunde gelegt ist, wie es nur bei voller Ausnutzung aller

Anlagen erzielbar ist, und daß das Gutachten mit keinem Wort die Frage berührt, wie es denn mit den Selbstkosten wird, wenn etwa dank den so errechneten Preisen der Absatz sich nicht auf die volle Höhe der Produktionsfähigkeit bringen läßt und demgemäß die Ausnutzung der Anlagen notleidet. Und weiter: soll in einem solchen Fall die Behörde die Preise entsprechend den gestiegenen Unkosten höher schrauben, oder soll sie sie herabsetzen, um den Absatz zu beleben und dadurch die Ausnutzung zu verbessern? Das ist eine Frage, die nur aus dem Gefühl heraus beantwortet werden kann, für deren Entscheidung sich also niemals überzeugende Gründe anführen lassen, und die doch in jedem Augenblick neu vom Markte gestellt wird. Selbst wenn es sich um ein Monopolgut handelt, dann hängt der Absatz und damit die Höhe der Produktionskosten von der Aufnahmefähigkeit und Aufnahmewilligkeit der Käufer, also vom Preise ab; wieviel mehr bei einem Gut wie der Kohle, das in den Wettbewerb der verschiedenen Kohlenreviere Deutschlands und in den internationalen Wettbewerb hineingestellt ist.

Sollte wirklich die Behörde nach ureigenem, freiem Ermessen vorgehen wollen, so müßte sie wenigstens in ähnlicher Weise, wie es in der Kriegswirtschaft allenthalben geschehen ist, auch das Risiko ihrer Entschließungen tragen und den Eigentümern der Werke die Verzinsung ihres Kapitals garantieren. Sofort erhebt sich die neue Schwierigkeit, dieses Kapital in einigermaßen zuverlässiger Weise zu errechnen und eine als „angemessen" zu betrachtende Zinszahl festzusetzen; zumeist arbeiten doch in neuzeitlichen Unternehmungen keineswegs nur die öffentlich ausgewiesenen Kapitalbeträge, und die Dividenden werden mit Hilfe der offenen und versteckten Reserven höher gehalten, als dem Zinsertrage des Aktienkapitals entspricht. In dem Gewinn, der bei freier Wirtschaft erzielt wird, stecken zudem häufig genug Bodenrenten, Erfindungserträge, Organisationsvorteile, und was der Sonderdinge mehr sind, die kapitalisiert in den Börsenkursen der Aktien und Kuxe sich auswirken und den bekannten Unterschied zwischen den ursprünglich eingezahlten Kapitalbeträgen und den von späteren Anteilserwerbern zu zahlenden Preisen begründen; sollen hiervon etwa die Bodenrenten als

„unberechtigte" Gewinne außer Betracht bleiben — zum Nachteil nur jener späteren Aktienerwerber, die im Kurse die Renten an die Vorbesitzer mitbezahlt haben? Das dürfte kaum angehen, und doch widerspricht es dem Grundgedanken einer amtlichen Preisfestsetzung, Bodenrenten und andere Monopolerträge in den Preisen festzuhalten. Schon im Kriege, bei den vereinfachten Verhältnissen einer Nachbarschaftswirtschaft, ging es bei den Preisfestsetzungen nicht ohne starke Willkür ab; wieviel mehr müßte diese heute, im Rahmen einer allgemein auf den Weltmarkt eingestellten Wirtschaft, den Griffel führen. Und immer noch bliebe, da ja die Bestandteile der Produktionskosten nach wie vor der freien Preisbildung des Marktes überlassen bleiben, dem einzelnen Unternehmer recht wohl die Möglichkeit, aus einem amtlichen Preis einen Sondergewinn zu ziehen, was vollends der Öffentlichkeit unerträglich erscheinen müßte. Es war also in der Tat das Gegebene, wenn das Reichswirtschaftsministerium nur formell die Kohlenpreise festgesetzt, sie aber nicht materiell aus eigener Entschließung gebildet hat [1]).

[1]) Einer, der in und nach dem Kriege jahrelang an amtlichen Preisfestsetzungen mitgewirkt hat, der es also wissen muß, — Rogowsky, Ursachen und Methoden des Staatseingriffs in die Kartellpreisbildung (in der Sammelveröffentlichung: Öffentliche Hand und Wirtschaftsgestaltung, herausg. von Behm, Leipzig, 1931) — sagt ausdrücklich: der Aufschlag, der zu den errechneten Kosten noch bewilligt werden muß, wurde mit den Interessenten „nach dem Gefühl ausgehandelt" (S. 9). Und etwas später (S. 10): „Die Kostenfeststellung durch exakte, nach betriebswirtschaftlichen Grundsätzen durchgeführte Revision (der Betriebe) ist auch heute noch die einzige objektive (! ?) Basis für die behördliche Wertung der Preise. Daneben müssen (!) alle weiteren, für die Preisbildung und die Unternehmungs- und Kartellpolitik wichtigen Markt- (!) und Betriebsbelange schätzungsweise (!) Berücksichtigung finden"; Bilanzen und dergl. lehnt er als unbrauchbar ausdrücklich ab. Ist das wirklich noch eine Preisfestsetzung, die sich so enge an eine exakte Kostenerrechnung anschließt, daß sie die Autorität einer behördlichen Maßnahme in Anspruch nehmen darf? Nach Gefühl aushandeln, die für die Unternehmungspolitik wichtigen Marktbelange schätzungsweise berücksichtigen — das heißt doch nichts anderes, als daß die Behörde ihre Entscheidung in ähnlicher Weise wie ein Kaufmann, d. h. willkürlich trifft; nur mit dem Unterschied, daß der behördlichen Willkür nicht die Richtigstellung des Marktes folgt, und daß nicht sie, sondern die Interessenten von den Wirkungen einer falsch erfühlten Entscheidung getroffen werden. Vgl. auch Wiedenfeld, Amtliche Preisfestsetzung (Bonn, 1918).

Und sollte ein Ministerium es verantworten können, den inneren Aufbau eines so wuchtigen Gebildes wie des Ruhrkohlen-Syndikats von sich aus und zwangsmäßig in eine andere Linie zu biegen, wie sie aus den Reibungen der Mitglieder selbst hervorgeht? Man kann wohl zweifeln, ob es angebracht war, angesichts der tiefgehenden und auch volkswirtschaftlich bedeutsamen Gegensätze, die zwischen den reinen und den Hüttenzechen bestehen, in der Regelung der Umlagefrage einfach die neuen Wege zu legalisieren, welche die Hüttenzechen einschlagen wollten und für die sie durch Gewährung von Sondervorteilen auch einen Teil der reinen Zechen gewonnen hatten — ob es nicht richtiger gewesen wäre, durch die ministerielle Entscheidung das früher abgeschlossene Kompromiß bis zu einer freiwilligen Neuregelung aufrecht zu erhalten. Jedoch eine völlig neue Lösung an die Stelle jenes Kompromisses zu setzen, war ganz unmöglich; so klar pflegt im Kräftemessen der Interessenten nicht hervorzutreten, was eigentlich das Allgemeininteresse fordert, und mit welchem Sonderinteresse es sich am besten verträgt. Muß aber in jedem Fall irgend ein Kompromiß gefunden werden, dann wird das höchste, das staatliche Interesse — der Glaube der Bevölkerung an die Unparteilichkeit der Behörden — noch am besten gewahrt, wenn man die Interessenten selbst in freiem Kampf die Lösung finden läßt und das Bestätigungsrecht nur zur Beschneidung krasser Auswüchse, im polizeilichen Sinne also ausnutzt. —

In eben diese Richtung weisen die Erfahrungen, die noch neuerdings andere Länder mit der staatlichen Regelung ihres Eisenbahnwesens gemacht haben. So ist es in England nach dem Kriege zwar gelungen, durch Gesetz die Bildung jener ganz großen Unternehmungsgruppen herbeizuführen, die vom Betriebsinteresse und vom Interesse möglichst vorteilhafter Kostengestaltung erfordert wurden, und unter Führung eines besonderen Eisenbahntarifgerichts ist auch Ordnung in die Gütertarife zunächst einmal gebracht worden; gewisse Freiheiten der Tarifbildung, wie sie materiell etwa den deutschen Ausnahmetarifen entsprechen, hat man jedoch auch den Gesellschaften jetzt belassen müssen, und der stark hochgekommene Wettbewerb der Kraftwagen sorgt allem Anschein nach vollends dafür, daß die Anwendung der Normaltarife schon wieder zur Ausnahme wird. In den Vereinigten Staaten von Amerika ist es bisher noch nicht einmal gelungen, die vom Gesetz geforderte Gruppenbildung herzustellen; die autoritäre Tarifbildung aber kommt erst recht nicht vorwärts, weil sich das Bundesverkehrsamt und die Gesellschaften zuerst über den Begriff des Anlagekapitals vor den ordentlichen Gerichten gestritten haben und nun, nach Erledigung dieses Rechtsstreits, auf die unlösliche Schwierigkeit stoßen, zwischen der Verzinsung dieser Kapitalien und den festzulegenden Tarifen eine auch nur einigermaßen sichere, dem jeweiligen Benutzungsgrad entsprechende Beziehung herzustellen. In Frankreich endlich hat sich zwar der Staat als Aufsichtsorgan und als Eisenbahnunternehmer wesentlich stärker als früher in das Eisenbahnwesen eingeschaltet; er ist aber durch die neugebildete Ausgleichskasse auch in erheblich strafferen Zusammenhang mit den großen Privatgesellschaften und dadurch in beträchtlichem Grade in Abhängigkeit von ihnen gekommen. Nirgends jedenfalls treten die staatlichen Organe als reine Autoritäten auf. Die zu beaufsichtigenden Privatunternehmungen sind vielmehr überall zu gleichwertigen Verhandlungspartnern der Behörden geworden.

Dies bedeutet, daß die öffentlich-rechtlichen Kontrollen nicht nur in jener einen Richtung wirksam werden, für die man sie eingerichtet hat. Ebenso vielmehr, wie sie die privaten Verwaltungen gemeinnütziger Werke zu maßgeblicher Berücksichtigung der allgemeinen, ihnen gegenüber den Konsumentenstandpunkt darstellenden Interessen zwingen, so tragen sie in die Behördenarbeit und damit in die Beamtenschaft, nicht zuletzt gerade auch in deren Gedanken- und Gefühlswelt einen starken Einschlag kapitalistischen, unternehmerhaften Empfindens hinein: man sieht sich gezwungen, für den Einfluß von Weltmarktschwankungen und für Gewinnmöglichkeiten beträchtlichen Spielraum zu lassen; man kann den Angemessenheitsgedanken nicht mehr zur Geltung bringen — und man trägt schließlich keine Bedenken mehr, als Beamter im Privatleben spekulativen Neigungen nachzugehen. Wie scharf hat noch die Generation der 70er Jahre in der berühmten Eisenbahn-Untersuchung es als ungehörig und selbst unmoralisch gegeißelt, daß Beamte sich irgendwie am Börsentreiben beteiligt hatten; schon der Besitz von börsenmäßig gehandelten Aktien galt jener Zeit als anstößig, weil dann ein Teil des Denkens notwendig der Kursbewegung gelte und somit der amtlichen Aufgabe entzogen würde. Zwanzig Jahre später, als der Zinsfuß der Staatspapiere (den Verhältnissen des Kapitalmarkts entsprechend) herabgesetzt wurde, haben nach den Feststellungen der Börsenenquete auch viele Beamte den Weg zum Aktienbesitz und zum spekulativen Wechsel dieses Besitzes gefunden. —

2. Mit stärkerer Wucht und auf breiterer Unterlage hat naturgemäß die **Wirtschaft der öffentlichen Hand** dem kapitalistischen Handeln den Zugang in die Beamtenschaft geöffnet. Zumal im neuen Jahrhundert und nach dem Kriege hat die Entwicklung sich kräftig in dieser Richtung bewegt, als Staaten und Kommunen nicht nur den Bereich ihrer unmittelbaren wirtschaftlichen Tätigkeit weit über das frühere Ausmaß ausgedehnt, sondern auch ihre Betriebe mehr und mehr aus den Bindungen der öffentlichen Verwaltung gelöst und in die Rechtsformen der Privatwirtschaft überführt haben[1]).

a) An sich ist es ja keine neue Erscheinung, daß die öffentliche Hand auf wirtschaftlichem Gebiet selbsttätig auftritt. Auch in jenen Jahrzehnten, in denen sich die Staatsverwaltungen aus der merkantilistischen Gängelung des Wirtschaftslebens herausgezogen, hat man doch in den deutschen Einzelstaaten noch landwirtschaftlichen und Bergbaubesitz, teilweise sogar Fabriken zu Eigentum behalten und durch eigene Organe betreiben lassen. Je mehr man dann anerkennen mußte, daß die neuen Transportmittel (Eisenbahn und Straßenbahn) und großenteils auch die anderen Werke öffentlicher Nützlichkeit keineswegs nur wirtschaftliche Bedeutung besitzen, sondern das ganze Sozialleben grundlegend bestimmen und dank dieser Unentbehrlichkeit ihren privaten Eignern sehr erhebliche Gewinne abwerfen können, daß aber alle Kon-

---

[1]) Vgl. auch Wiedenfeld Die Wirtschaft der öffentlichen Hand (im Grundriß der Betriebswirtschaftslehre, Bd. 2, S. 126 f.; Leipzig, 1927) und die schon zitierte Sammelschrift „Öffentliche Hand und Wirtschaftsgestaltung (Leipzig, 1931).

trollrechte der Behörden die Wahrung der Benutzerinteressen nicht genügend sichern, — umso mehr sind die Staaten und die Kommunen dazu übergegangen, die gemeinnützigen Betriebe in eigene Verwaltung zu nehmen; es braucht nur an die umfassende Aktion der 70er und 80er Jahre erinnert zu werden, die fast den ganzen Eisenbahnbestand Deutschlands zur Verstaatlichung gebracht hat.

Hierbei war jedoch bezeichnend, daß allenthalben — in den Kommunen genau so wie in den Staaten — trotz starker Betonung der finanziell erwünschten Erfolge, der wirtschaftlichen Gewinne also, die gewohnten Formen der öffentlichen Verwaltung auf die Führung der wirtschaftlichen Betriebe übertragen wurden: die höheren und mittleren Angestellten erhielten durchweg, die unteren Angestellten zu erheblichem Teil den Beamtencharakter mit unkündbarer Anstellung und Pensionsanspruch; die Finanzgebarung wurde unter die Herrschaft des gesetzlich festgelegten Voranschlags gestellt und den Revisionsformen unterworfen, die sich in langer Entwicklung für die Hoheitsverwaltung herausgebildet hatten. Und dies bedeutete, daß an keiner Stelle der Geschäftsführung irgend ein Zusammenhang zwischen den finanziellen Ergebnissen und dem Einkommen der beteiligten Personen bestand, daß vielmehr lediglich das beamtenmäßige Pflichtgefühl für die Durchführung der Gesamtaufgabe eingesetzt wurde. Vor allem aber blieb gerade den leitenden und sachlich verantwortlichen Beamten um so weniger Bewegungsfreiheit, als die einzelnen Posten des Voranschlags naturnotwendig stets geraume Zeit vor ihrer Anwendung schon ihren ziffernmäßigen Ausdruck bekommen mußten. Wiederum naturnotwendig konzentrierte sich das Bestreben aller Beteiligten auf ein möglichst glattes und reibungsloses Arbeiten in gegebenem Rahmen. Für die Entfaltung kräftiger Initiative und für die Ausnutzung neuer technischer oder gar plötzlich auftretender wirtschaftlicher Möglichkeiten blieb nur recht wenig Raum übrig. Wohl oder übel mußte man die Erzielung des vorgesehenen Überschusses und erst recht seine Überhöhung, da die Ausgaben-Posten völlig festlagen, im wesentlichen dem allgemeinen Konjunkturengange überlassen. Jeder Beamte, der über einen Ausgabentitel verfügte, hatte sogar ein sehr starkes Interesse daran, diese Ausgabe-Möglichkeit ohne Rücksicht auf die tatsächliche Einnahmegestaltung voll auszuschöpfen; er mußte sonst fürchten, beim nächsten Voranschlag auf die geringere Summe seiner Ausgaben festgelegt zu werden. Von kapitalistischer, d. h. den Augenblick packender und den Unternehmungsgang in Ausgabe und Einnahme gestaltender Unternehmertätigkeit konnte nirgends die Rede sein.

Diesem Mangel, der zwar weniger der Erfüllung der allgemeinen Aufgaben, wohl aber dem Verfolgen des Finanzinteresses entgegensteht, hat man hier und da schon vor dem Kriege, mit besonderer Nachhaltigkeit indes unter dem Druck der finanziellen Notwendigkeiten im letzten Jahrzehnt auf zwei Wegen abzuhelfen gesucht. Der eine geht in der Richtung, daß die Betriebe der öffentlichen Hand wenigstens von den Fesseln des Voranschlags befreit werden; man bildet aus Mitgliedern der Volksvertretung und der staatlichen oder kommunalen Zentralverwaltung kleine Gremien, die sich rasch zusammenrufen lassen und entsprechend rasch über neue Anträge der Betriebsführung entscheiden können — die Anpassung an unerwartet auftretende Bedürfnisse und Möglichkeiten wird wenigstens erleichtert, wenngleich die Abhängigkeit des Betriebes von politisch eingestellten Instanzen in vollem Umfang bestehen bleibt. Der andere Weg ist der der gemischtwirtschaftlichen Unternehmung; also einer Werksgestaltung, bei welcher die geschäftlichen Leiter völlig in privatrechtlichen Vertragsformen, nicht beamtenmäßig angestellt sind, und bei der sich in der Aufsichtsführung die Organe der öffentlichen Körperschaft mit Vertretern der Privatwirtschaft auf fester Rechtsunterlage zusammenfinden — gleichgültig, ob auch das Eigentum am Werk zwischen öffentlicher und privater Hand aufgeteilt ist, oder ob etwa die Aktien der eigens errichteten Gesellschaft sich vollständig in der Hand des Staates oder der Kommune befinden und nur im Gesellschaftsstatut für den Aufsichtsrat die Heranziehung privater Wirtschafter vorgeschrieben ist [1]).

Hier ist nicht nur die Anpassung an geänderte Wirt-

---

[1]) Vgl. Wiedenfeld, Wesen und Bedeutung der gemischt-wirtschaftlichen Unternehmung (in Schmollers Jahrbuch, Bd. 55, Heft 2, 1931).

schaftsverhältnisse fast in demselben Maße gewährleistet wie bei den großen Unternehmungen der Privatwirtschaft, die ja auch nicht von heute auf morgen etwa grundlegende Änderungen ihrer Betriebsführung durchsetzen können. Hier stößt vor allem die Leitung, die neben der Wahrung der allgemeinen Interessen den privatwirtschaftlichen Gewinngedanken unternehmerhaft verfolgen soll, in den Aufsichtsorganen auf eine Zusammensetzung, welche der Doppelaufgabe ebenfalls gerecht wird und dementsprechend für das Gefühlsmäßige und Nicht-Beweisbare wirtschaftlicher Entschlüsse, für das Wesen unternehmerhaften Arbeitens Verständnis besitzt. Hier ist es auch selbstverständlich, daß jeder Angestellte nach den Leistungen, die er im Produktionsprozeß zu vollbringen hat, im wesentlichen beurteilt und behandelt wird, und daß es die Stellungs- und Lebenssicherungen des Beamten nicht gibt. Selbst wenn der Einfluß der öffentlichen Körperschaft in der Personalbehandlung und in den Preisfestsetzungen sich nachhaltig zugunsten des Konsumentenstandpunkts geltend macht, so steht doch das Produzenteninteresse mit seiner Betonung der Rentabilität stets zu gleichem Recht neben jenen Strömungen. Die gemischt-wirtschaftliche Unternehmung ist daher diejenige Werksgestaltung, die das Wirken der öffentlichen Hand, wenngleich keineswegs restlos, so doch am stärksten mit kapitalistischem Inhalt erfüllt und auch die als Aufsichtsorgane beteiligten Beamten am engsten mit dem Kapitalismus in Fühlung setzt.

b) Sofort zeigt sich aber auch jener Gegensatz, der nun einmal zwischen Beamtentum und Kapitalismus besteht, in seiner ganzen Bestimmtheit: das Grundelement allen Beamtentums — das nach der Verantwortlichkeit der Stellung klassenweise und nicht nach dem Erfolg individuell abgestufte, innerhalb der Gehaltsklassen völlig gleiche und öffentlich kontrollierte Diensteinkommen — wird unvermeidlich durchbrochen, sobald von den gemischt-wirtschaftlichen Unternehmungen den daran beteiligten Beamten für ihre Aufsichtstätigkeit eine besondere Vergütung gewährt wird. Von den mannigfachen Versuchen, den Widerspruch durch die Form der Vergütung zu überwinden, hat noch keiner ein befriedigendes, das Wesen des Beamtentums wahrendes Ergebnis gezeigt.

Am bedeutsamsten wohl, weil sehr weit ausgreifend und eine besonders große Zahl von Menschen umfassend, ist die Regelung, die man bei der Reichsbahn getroffen hat. Hier sind sämtliche Inhaber irgend leitender Posten in ihrem Beamtenverhältnis außer Dienst gestellt und zu rein privatrechtlichen Angestellten umgewandelt worden. Der Pensionsanspruch, wie sie ihn zur Zeit der Umwandlung erworben hatten, ruht allerdings während ihrer weiteren Tätigkeit im Dienste der Gesellschaft; und beamtenrechtlich steht nichts im Wege, daß sie nun als Privatangestellte im Gehalt und neuen Pensionsanspruch ebenso wie in der Beförderung anders wie die Staatsbeamten ähnlicher Stellung behandelt werden — was ja auch tatsächlich der Fall ist. Trotzdem erhebt sich in der Öffentlichkeit gegen das Eigenartige dieser Regelung immer wieder ein nachhaltiger Widerspruch. Man empfindet die Reichsbahn, deren stimmberechtigtes Aktienkapital sich ja gänzlich im Eigentum des Reiches befindet, durchweg noch als einen Reichsbetrieb und ihre Angestellten als Reichsbeamte, wie in der Reichsbahn selbst — mit Recht — die neue Form eben nur als Form und nicht als ein Mantel völlig neuen Inhalts betrachtet wird. Der Reichstag war daher in der Tat nur der Träger einer allgemeinen Stimmung, als er von der Reichsbahn-Gesellschaft die Aufstellung der Diensteinkommen für die leitenden Angestellten angefordert hat. Und doch entspricht es durchaus dem Rechtscharakter der Gesellschaft, der darin liegenden Betonung des nicht behördlichen Aufbaues, und den Gewohnheiten reiner Privatunternehmungen, wenn die Reichsbahnleitung sich gegen die Erfüllung dieser Forderung gesperrt hat — ja wenn sogar die Bezüge der leitenden Männer auch im Innenbetriebe von Anfang an als Dienstgeheimnis behandelt worden sind. Eben dies jedoch hat das Mißtrauen wach gerufen; man glaubt nicht an die „Angemessenheit" der Gehälter, weil sie sich der öffentlichen Kontrolle entziehen, und macht sich vom Unbekannten, wie das so zu geschehen pflegt, durchaus willkürliche und zum Teil sicher sogar phantastische Vorstellungen. Wie immer aber die Sachlage sein mag, — der nicht zu überbrückende Gegensatz zwischen kapitalistischem Aufbau und Beamtentum tritt hier unverkennbar zutage.

Noch ein zweites Beispiel wichtiger Art bietet die Reichsbahn in diesem Zusammenhang. Was wird nicht alles von den sogen. Leistungszulagen erzählt, die von der Gesellschaft für außergewöhnliche Einzelerfolge von Fall zu Fall gewährt zu werden pflegen. Dabei ist diese Einrichtung nicht einmal neu; auch die behördlichen Eisenbahnverwaltungen der Vergangenheit haben sie, allerdings in wesentlich geringerem Umfange und meist unter Beschränkung auf die nicht beamtenmäßig angestellten Personen, ganz regelmäßig angewandt. Und was sie gerade bei einem Betrieb wie dem der Eisenbahnen bedeuten kann, wird dem Laien vielleicht am deutlichsten in den Kohlenprämien, welche das Lokomotivpersonal für Kohlenersparnisse lange Zeit zu beziehen pflegte. Unter der unmittelbar staatlichen Verwaltung jedoch vollzog sich die Gewährung aller dieser Zulagen durchaus öffentlich; nicht zuletzt das Eisenbahnpersonal selbst konnte kontrollieren, wofür und in welchem Ausmaß die Belohnungen gewährt wurden, und das Gefühl willkürlicher Bevorzugungen konnte nicht aufkommen. Heute fehlt diese Kontrollmöglichkeit. Man weiß nicht, wer die Zulagen empfängt und in welchem Ausmaß sie gegeben werden, und man empfindet als unbehaglich, daß auch diese Gewohnheit der Privatunternehmungen von der Reichsbahn-Gesellschaft angenommen worden ist, als ob sie tatsächlich ein reines Privatunternehmen wäre. Wiederum gleichgültig, ob diese Zulagen nicht für die Betriebsgestaltung und für den finanziellen Erfolg ihre sehr gute Bedeutung haben; die Zwitterstellung einer gemischt-wirtschaftlichen Unternehmung, deren Personal noch irgendwie unter beamtenhaften Empfindungen selber lebt und von der Öffentlichkeit betrachtet wird, tritt wiederum deutlich hervor.

Nun bildet aber die Reichsbahn-Gesellschaft — nicht dank der Eigentumsverhältnisse, sondern dank ihrer Entstehung und der darauf gegründeten Tradition — eine ganz besonders gelagerte Erscheinung; die Regel ist, daß die gemischt-wirtschaftliche Unternehmung in ihrem innern Aufbau und demgemäß in ihrer Personalpolitik von Beamtenzügen frei ist. Und dennoch macht sich auch von ihnen aus die

Schwierigkeit geltend, die privatwirtschaftlich-kapitalistische Verwaltungsweise mit den Erfordernissen des Beamtentums in Einklang zu bringen. In ihrem Aufsichtsrat sitzen ja als Vertreter der öffentlichen Interessen regelmäßig und notwendig aktive Beamte, deren Haupttätigkeit ganz und gar in den behördlichen Zusammenhang fällt, und die deshalb auch mit ihren Bezügen durchaus nach Beamtenart behandelt werden müssen. Für sie gilt namentlich das in den Beamtengesetzen zumeist enthaltene und dem Beamtenwesen entsprechende Verbot, Aufsichtsratsstellen inne zu haben, mit denen ein Bezug von Tantiemen oder sonstigen Vergütungen verbunden ist. Und doch erfordert auch bei der gemischt-wirtschaftlichen Unternehmung die Betonung der privatwirtschaftlichen Seite, daß die Unternehmerstellung des Aufsichtsrats in ähnlicher Weise wie die des Vorstandes in seinen Bezügen sich ausdrückt, daß es also auch für ihn nach Maßgabe des erzielten Unternehmungsgewinns Vergütungen gibt.

Diesen Widerspruch hat man fast durchweg in der Weise gelöst, daß die beamteten Mitglieder der Aufsichtsräte den auf sie entfallenden Anteil der Gesamttantieme an die öffentliche Körperschaft abführen, die sie im Aufsichtsrat vertreten, und daß sie für die ihnen erwachsenden Sonderausgaben und für ihre Sonderarbeit eine feste „Dienstaufwandsentschädigung" erhalten — in ähnlicher Weise, wie es auch bei manchen Großbanken für die sie vertretenden Direktoren gehandhabt wird. Im öffentlichen Dienst erhebt sich jedoch alsbald ein anderer Widerspruch: der Grundsatz der Gehaltsgleichheit und die Forderung, daß der Beamte sein ganzes Können und seine ganze Arbeitskraft gegen das festgesetzte Gehalt in den Dienst seiner Behörde zu stellen hat, erscheinen beide durchbrochen, sobald jene Entschädigung die wirklichen Sonderausgaben in irgend nennenswerter Weise überschreitet. Es sei daran erinnert, wie sehr die Öffentlichkeit und vor allem die Beamtenschaft selbst bei der alten Regelung der Reisegebühren sich daran gestoßen hat, daß die Berechnung der Fahrkosten (I. Klasse ohne Zwang, diese Klasse zu benutzen) Gelegenheit zu Sondereinnahmen bot, die den Inhaber eines sogen. Reisereferats vor seinen Amtsgenossen bevorzugt erscheinen ließ. In der heutigen Zeit aber, in der das Diensteinkommen eine ungleich schärfere Betonung findet als jemals zuvor, ist das glatte Zusammenarbeiten schon innerhalb der einzelnen Behörden nicht unbeträchtlich gefährdet, wenn der Zufall der Referatsverteilung dieses Einkommen von Mitglied zu Mitglied differenziert. Erst recht haben die Staaten und die Kommunen ein dringendes Interesse, daß in der Bevölkerung nicht der leiseste Verdacht rege werde, die Entscheidungen der Behörden würden von der Rücksicht auf solche Sondereinnahmen ihrer Referenten beeinflußt oder sollten solche Möglichkeiten vorbereiten.

Wie hoch man also die gemischt-wirtschaftliche Unternehmung als Ausweg aus den sachlichen Schwierigkeiten einschätzen mag, die sich für das Wirtschaften der öffentlichen Hand aus dem Gegensatz zwischen Markteinfluß und Behördenarbeit ergeben, — mir scheint sie der beste Ausweg zu sein —: es darf bei ihrem Aufbau nicht außer acht gelassen werden, daß bei den Personen der Widerspruch zwischen Kapitalismus und Beamtentum auch in ihnen hervortritt. Hätten die Betriebe der öffentlichen Hand nur die Aufgabe, die Benutzer- und Konsumenten-Interessen gegenüber dem Gewinnstreben des privaten Kapitalismus zu wahren, so wäre die Lösung recht einfach; man könnte allenthalben zu dem alten System der behördlichen Geschäftsführung zurückkehren und sich mit der Erleichterung des vom Voranschlag ausgehenden Drucks begnügen. Da aber die neue Form gerade deshalb herausgearbeitet worden und zu der heutigen Verbreitung gekommen ist, weil auch die Staaten und Kommunen aus ihren Wirtschaftsbetrieben möglichst hohe Gewinne ziehen müssen, darum wird es immer in der Handhabung der gemischt-wirtschaftlichen Unternehmungen, wie nach der sachlichen, so auch nach der persönlichen Seite hin nur zu einem Kompromiß zwischen Kapitalismus und Beamtenwesen kommen können.

c) Die Bedeutung, welche das Eindringen kapitalistischer Denkweise für das Beamtentum und damit für unser ganzes Staatsgefüge zu beanspruchen hat, darf indes ebensowenig überschätzt werden, wie man die Betonung des Konsumentenstandpunktes als wesentlichen Bestandteil neuzeitlichen Unternehmertums zu bezeichnen vermag. Es ist eine arge, die Dynamik der Tatsachen völlig beiseite schiebende Übertreibung, wenn jetzt nicht selten behauptet wird, daß die Beamtenschaft in ihrem Kern durch das Streben nach Sondervorteilen bestimmt werde und demgemäß den wesentlichen Inhalt des Beamtentums, das reine Pflichtgefühl als entscheidende Triebfeder alles Handelns, verloren habe.

Allerdings läßt sich statistisch nicht nachweisen, in welchem Umfang an den Wirtschaftsbetrieben der öffentlichen Hand und an der behördlichen Kontrolle privatwirtschaftlicher Unternehmungen bereits Beamte irgendwie beteiligt, der unmittelbaren Beeinflussung also durch produktions- und erwerbswirtschaftliche Gedankengänge ausgesetzt sind. Es dürfte aber kaum ein Zweifel bestehen, daß diese Zahl gegenüber der Gesamtmenge staatlicher und kommunaler Beamten nicht eben groß ist. Und daß man die letztlich entscheidenden Posten — die sogen. politischen Beamten, deren Verantwortlichkeit mit der rechtlichen Möglichkeit ihrer jederzeitigen Außerdienststellung gekrönt ist — nicht in jene direkte Verbindung kommen lassen will, zeigt deutlich die sehr wichtige Tatsache, daß in die Aufsichtsräte der gemischt-wirtschaftlichen Unternehmungen fast durchweg von den Staatsverwaltungen nur die Referenten der Ministerien und nicht die Abteilungsdirektoren oder gar die Staatssekretäre, ebenso von den Kommunen nicht die leitenden Männer oder ihre Stellvertreter entsandt zu werden pflegen. Auch die den Aufsichtsräten angehörenden Glieder der Beamtenschaft werden also immer noch von Vorgesetzten kontrolliert und dirigiert, die allein vom beamtenmäßigen Empfinden sich leiten lassen.

Es besteht auch kaum eine Gefahr, daß diese Beziehungen sich mengenmäßig noch wesentlich verschieben werden. Sogar die gemischt-wirtschaftliche Unternehmung ist bei allem Einfluß, den in ihr der kapitalistische Unternehmergeist zu entfalten vermag, und bei aller Beweglichkeit, die ihrer Leitung dadurch verliehen wird, dank der notwendigen Betonung der Allgemeininteressen und dank den politischen Zusammenhängen noch immer viel zu schwerfällig, als daß sie etwa für Wirtschaftszweige einzusetzen wäre, die ganz unmittelbar in das Auf und Ab des Weltmarktes gestellt sind. Es muß wieder daran erinnert werden, daß schon die rein privatwirtschaftliche Aktiengesellschaft sich für derartige Wirtschaftszweige keineswegs eignet. Und wie selbständig stehen tatsächlich, allen Gesetzesvorschriften zum Trotz, Vorstand und Aufsichtsrat einer solchen Gesellschaft ihren Generalversammlungen gegenüber verglichen mit den Einengungen, die sich für die Unternehmungen der öffentlichen Hand aus jenen allgemeinen Beziehungen und gerade auch daraus unvermeidlich ergeben, daß in ihren Generalversammlungen die Behörden durch Beamte und deshalb nicht durch einfache Jasager vertreten werden. Infolgedessen beschränkt sich der Tätigkeitsbereich sowohl für die gemischt-wirtschaftliche Unternehmung wie erst recht für die behördlich geleiteten Betriebe noch ausgeprägter als der der privaten Aktiengesellschaften auf solche Wirtschaftszweige, in denen die Geschäftsführung jeweils für längere Zeiten den Arbeitsplan aufzustellen vermag, die also ein schemahaftes und trotz allem bürokratisches Arbeiten dank geringerer Weltmarktsbindung zulassen und demgemäß auch dem langfristigen Arbeitsplan nach außen hin den festen Preistarif zur Seite stellen. Die üblen Erfahrungen, die mannigfach aus der Vernachlässigung dieses Grundsatzes sich ergeben haben, dürften die Gewähr bieten, daß die Staaten und die Kommunen sich von neuen Überschreitungen der ihnen gezogenen Grenzen in ihrer wirtschaftlichen Betätigung wohl hüten werden.

* * *

Schlußbemerkung:

Der Weltmarkt selbst also ist es und der auf ihm sich aufbauende Kapitalismus, was die beiden Funktionsbereiche Wirtschaft und Beamtentum in ihren Kernen auseinanderhält. Und solange Deutschland dank seiner Rohstoffarmut und seinem Bevölkerungsreichtum die zur Beschäftigung seiner Industrie erforderlichen Verarbeitungsstoffe zu größtem und die für die Ernährung unentbehrlichen Lebensmittel zu immerhin wesentlichem Teil aus der übrigen Welt einführen und seine eigenen Erzeugnisse zwecks Bezahlung dieser Einfuhr zu ebenfalls wesentlichen Teilen an die übrige Welt ausführen muß, solange wir also an den Weltmarkt unlöslich gebunden sind, — solange werden Beamtentum und kapitalistische Wirtschaft ihren besonderen Aufgaben auch auf getrennten Wegen nachgehen. Nicht zuletzt zum Vorteil des Staates, der eine selbständige, nach dem Weltmarkt sich ausrichtende und in ihm wieder erstarkende Wirtschaft als materielle Unterlage seiner Kraft ebenso nötig hat wie eine nicht auf Erwerbsgesichtspunkten, sondern auf reinem Pflichtgefühl aufgebaute Beamtenschaft.

Kolibri 360 GmbH
Ferdinand-Jühlke-Straße 7
99095 Erfurt, Deutschland
produktsicherheit@kolibri360.de